Die Autorin:

Iris Lemanczyk wurde 1964 in Kirch-heim/Teck bei Stuttgart geboren. Nach dem Studium der Germanistik und Geographie lockte immer wieder die Ferne und das Außergewöhnliche: Sie reiste um die Erde, schnupperte eine Zeit lang Zirkusluft und packte auch während ihrer Tätigkeit als Redakteurin ihren Rucksack, um in andere Kontinente zu reisen. Ihre Erfahrungen dort bilden die Grundlage für dieses Buch.

Iris Lemanczyk

Mein Lehrer kommt im Briefumschlag

Schule, wie sie keiner kennt

ENSSLIN & LAIBLIN VERLAG REUTLINGEN

Die Deutsche Bibliothek – CIP-Einheitsaufnahme

Lemanczyk, Iris: Mein Lehrer kommt
im Briefumschlag / Iris Lemanczyk. - Reutlingen :
Ensslin und Laiblin, 1999
(Leseeule)
ISBN 3-7709-0945-3

Umschlag- und Innenillustration:
Susanne Schwandt

© **1999 Ensslin & Laiblin Verlag GmbH & Co. KG Reutlingen.**
(Erstausgabe 1997.) Sämtliche Rechte vorbehalten, auch die der Ver-
filmung, des Vortrags, der Rundfunk- und Fernsehübertragung, der
Verbreitung durch Kassetten und CDs sowie der fotomechanischen
Wiedergabe. Satz: ensslin-typodienst. Coverreproduktion: Repromayer,
Reutlingen. Gesamtherstellung: Graphischer Großbetrieb Pößneck.
Printed in Germany.
ISBN 3-7709-0945-3

Inhalt

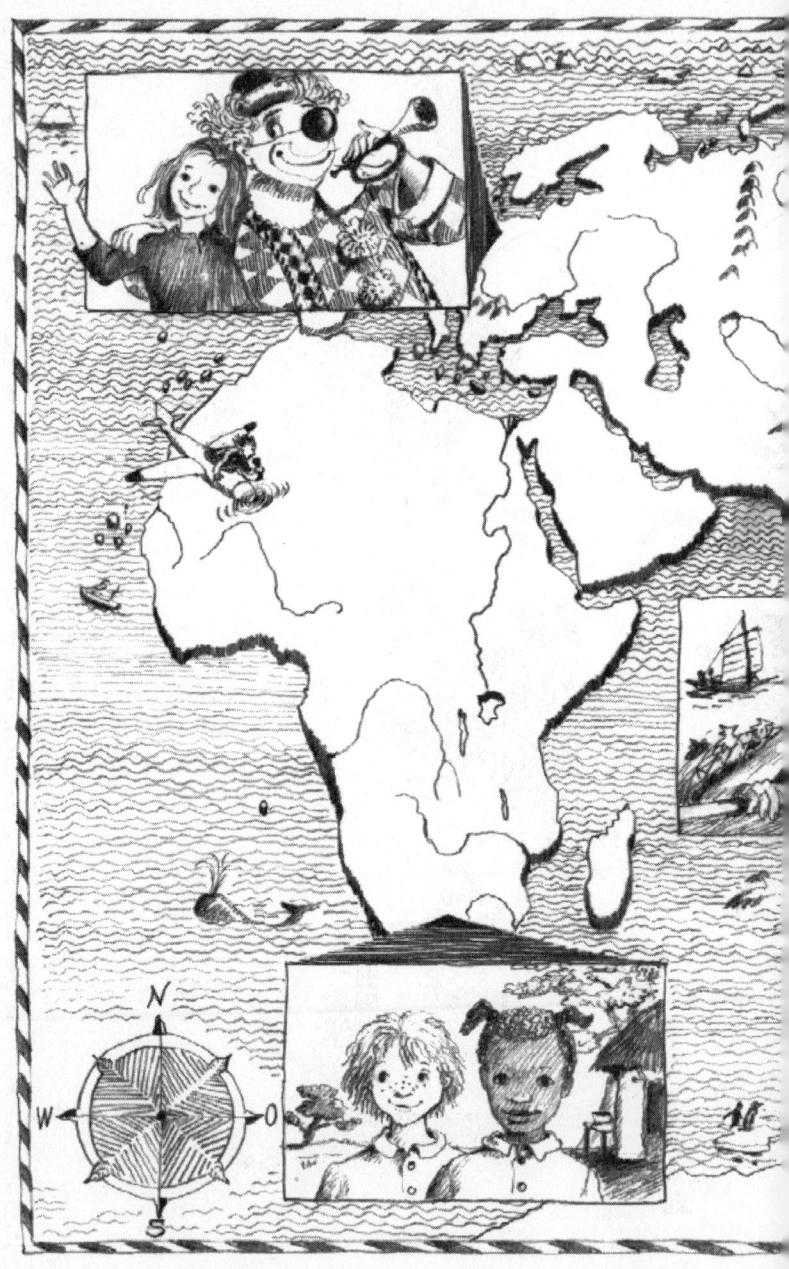

Petra Isselhorst, Bildungsreferentin von UNICEF Deutschland, Kinderhilfswerk der Vereinten Nationen, zu diesem Buch:

Weltweit haben 103 Millionen Kinder im Alter von sechs bis elf Jahren keinen Zugang zu Schulbildung. Zwei Drittel davon sind Mädchen. Aber Kinder haben ein Recht auf Bildung. Damit dieses Recht verwirklicht werden kann, bedarf es Bildungsangebote, die den Lebenssituationen der Kinder angepasst sind. Dass hierzu oft unkonventionelle Wege beschritten werden müssen, zeigen diese Geschichten auf anschauliche Weise. Bildung muss es mit den spezifischen Lebensproblemen von Kindern aufnehmen.

Die Autorin beschreibt in diesem Buch die Vielfalt der Lebensweisen von Menschen, ohne in Klischees und Stereotypen abzugleiten. Es gelingt ihr so, den LeserInnen eine Brücke zwischen der eigenen kleinen und der großen Welt zu bauen. In den Erzählungen können die Kinder Gemeinsamkeiten und Unterschiede entdecken. Auf diese Weise können Kinder lernen, Lebensvielfalt als Bereicherung und nicht als Bedrohung zu empfinden. Es wird ihnen damit die Möglichkeit eröffnet zu erkennen, dass das eigene Weltbild nicht notwendigerweise das einzig gültige ist. Ein wichtiger Schritt zu mehr Toleranz, Offenheit und Neugier für das Leben anderer Menschen.

Alle Welt geht zur Schule …

… aber Schule ist nicht überall gleich. In anderen Ländern gibt es Schulsysteme, von denen wir hier kaum eine Ahnung haben. Und es gibt Ängste und Probleme, an die wir keinen Gedanken verschwenden müssen – aber auch Sorgen und Freuden, die rund um den Globus dieselben sind.

Neuseeland: Es gibt zwar durchaus »ganz normale« Schulen in Neuseeland, aber nicht in Te Waewae Bay und anderen einsamen Gegenden auf den beiden Inseln. Was tut man wohl, wenn die nächste Schule hundert Kilometer entfernt ist? Ganz einfach, dann kommt der Unterricht, der »Lehrer«, im Briefumschlag nach Hause.

Namibia: Schwarze und weiße Kinder zusammen in einer Klasse, das wäre vor einigen Jahren in Namibia noch undenkbar gewesen. Unvorstellbar auch, dass schwarze und weiße Kinder Freunde sind. Heute funktioniert das immer besser. Schwarz und Weiß wachsen in Namibia enger zusammen und das beginnt bei den Kindern. Genauer gesagt: bei den Schulkindern, die entdecken, dass die Hautfarbe keine Rolle spielt, wenn es darum geht, gute Freunde zu finden.

China: Jedes Schuljahr wieder die Schulbank drücken, das ist bei uns selbstverständlich. In China nicht, denn Schule kostet dort Geld. Nicht viel, aber für arme chinesische Bergbauern kann sie unerschwinglich sein, obwohl per Gesetz Schulpflicht besteht. Wie soll man sich nur ein bisschen Geld verdienen? Zum Glück gibt's ja Skorpione und die Medizinfabrik …

Indonesien: Terminhetze und Stress, das kennen wir Landratten. Im Leben der indonesischen Seemenschen spielt das keine Rolle. Sie lassen sich auf ihren Booten tagein, tagaus einfach mit dem Wind treiben. Sie fangen Fische und tauchen nach Muscheln. Aber auch die Seemenschen werden vom Fortschritt eingeholt. Die großen Schiffe machen viel größere Fänge als die Seemenschen. Fehlt ihnen bald die Lebensgrundlage? Sie beginnen, statt tauchen und schwimmen, lesen und schreiben zu lernen.

Zirkusschule in Deutschland: Zugegeben, Schule in Deutschland ist für uns an sich nicht exotisch. Aber der Zirkus mit dem großen Zelt, den Artisten, den Tieren und den Kunststücken – Zirkus ist etwas Besonderes. Wer weiß schon, in welche Schule Zirkuskinder gehen?

10

Der Lehrer kommt
im Briefumschlag

Ben liebt es über die
Klippen zu reiten. Er
schmiegt sich eng an den
Hals seines weißen
Ponys Samira. Es stört
ihn nicht, dass der Sturm
ihn fast vom Sattel reißt.
Sturm und Regen ist der
Junge gewohnt. Seit er
mit seinen Eltern und seinen beiden Schwestern,
Jennie und Amie, nach Te Waewae Bay gezogen ist,
stehen Wind und Regen auf der Tagesordnung.
Als Ben vier Jahre alt war, wohnte die Familie
Potter noch in Christchurch, einer Stadt auf der
Südinsel Neuseelands. Doch irgendwann haben die
Potters ihr Auto, das Haus und fast all ihre Möbel
verkauft. Genauso haben es ihre Freunde, die Wal-
kers, gemacht. Zusammen sind die beiden Familien
nach Te Waewae Bay gezogen.
Te Waewae Bay ist Wildnis. Da gibt es Farne, die
mehrere Meter hoch sind, und dichte Wälder mit
viel Moos an den Bäumen. Es gibt Gestrüpp, viel
Gestrüpp, und ein paar Wiesen, direkt am Meer.
Auf einer der Wiesen hat sich jede Familie ein

Blockhaus gebaut. Die Häuser haben nur drei Zimmer und ein kleines Bad.

Die Potters und die Walkers haben Rinder, Ziegen, Hühner und Schafe – und zwei Ponys. Es gibt nur die beiden Blockhäuser und einen Stall, sonst stehen weit und breit keine Häuser. Nachbarn haben die Familien also nicht. Zur nächsten Straße müssen sie zwei Stunden durch den Busch marschieren. Sie brauchen kein Auto, denn Straßen gibt es in der Bucht natürlich auch nicht.

Dafür haben sie Boote. Mit denen fahren die Väter zum Fischen hinaus. Ben ist auch oft dabei, obwohl ihn das Angeln nicht besonders interessiert. Er findet es langweilig einfach dazusitzen und zu warten, bis ein Fisch anbeißt. Aber da ist etwas, das ihn fasziniert: die Delphine. Zehn, manchmal zwanzig Tiere kommen in die Bucht. Sie schwimmen um das Boot, schnellen aus dem Wasser, sodass alle im Boot pitschnass werden. Sie scheinen immer gute Laune zu haben, spielen und machen Kunststückchen. Ben ist von ihnen begeistert.

Überhaupt liebt Ben Tiere. Das hat er mit seinem besten Freund, Tim Walker, gemeinsam. Am liebsten würden die beiden tagelang durch den Dschungel streifen und immer neue Tiere entdecken.

Leider sind die Eltern dagegen. Sie sagen, das sei zu gefährlich für zwei kleine Jungen. Ben kann das

nicht verstehen, denn in Neuseeland gibt es keine gefährlichen Tiere: giftige Schlangen oder wilde Raubkatzen. Es gibt Vögel in den Wäldern und Nagetiere wie das Opossum. Das ist eine Art Beutelratte, so groß wie ein Marder, mit einem buschigen Schwanz. Opossums sind meistens in der Nacht unterwegs. Eines hat sich schon mal auf dem Dachboden der Walkers einquartiert und den halben Wintervorrat an Mais aufgefressen. Die Walkers haben das Oppossum vertrieben und das Loch im Dach repariert, durch das es gekommen ist. Als Ben und seine Familie an diesem Morgen beim Frühstück an dem großen Holztisch sitzen, ist ein leises Brummen zu hören.

»Mike ist heute aber früh unterwegs«, sagt Ben.

Das Brummen kündigt den Hubschrauber an. Mike, der Pilot, kommt damit alle zwei Wochen vorbei. Er bringt die Post und versorgt die Familien mit den Lebensmitteln, die sie nicht selbst in der Bucht haben. Auf dem Rückweg nimmt er den Müll mit.

»Kinder, habt ihr die ‚Grünen‘ bereit?«, fragt Liz Potter ihre beiden Großen.

»Mist, das hab’ ich total verschwitzt!«, rufen Jennie und Ben wie aus einem Mund.

Die »Grünen« – so nennen sie die Plastikumschläge, in denen ihre Schulaufgaben transportiert werden. In Te Waewae Bay ist eben manches anders.

Die nächste Schule ist viele Stunden entfernt. Deshalb werden die Walker- und die Potter-Kinder per Post unterrichtet. Mike, der Hubschrauberpilot, bringt alle vierzehn Tage einen neuen Umschlag für jedes der Kinder. Darin sind die Schulaufgaben: zum Beispiel schwierige Gleichungen in Mathe oder das Thema für den nächsten Aufsatz.

Ben und die anderen Kinder pauken jeden Tag ein paar Stunden. Aber nicht in der Schule, sondern daheim, weit weg von ihrem Lehrer. Susan Walker, Tims Mutter, kümmert sich darum, dass die Aufgaben auch gemacht werden. Und sie hilft, wenn eines der Kinder nicht weiterkommt. Susan kennt sich aus. Sie war früher selbst Lehrerin, als die Familie noch in der Stadt wohnte.

Mike bringt in seinem Hubschrauber jeweils die korrigierten Aufgaben wieder und nimmt die nächste Ladung grüner Umschläge in die Stadt mit. Diesmal ist Ben gespannt, wie seinem Lehrer der Auf-

satz gefallen hat, den er schreiben musste. Das Thema lautete: »Wenn ich als Tier zur Welt gekommen wäre …« Da hat Ben nicht lange überlegen müssen. Er hat sich vorgestellt, er wäre ein Delphin und würde draußen in der Bucht mit anderen Delphinen um die Wette tauchen und Angler nass spritzen. Er hat sich an den Strand gesetzt und die Delphine beobachtet, ist sogar allein mit dem Boot hinausgerudert, obwohl sein Vater es nicht erlaubt hat. Ben will die Delphine ganz genau kennen lernen. Es ist ihm so viel für den Aufsatz eingefallen, dass er fünf Seiten voll geschrieben hat.

Aber jetzt muss er erst mal seine Matheaufgaben machen und das letzte Diktat suchen. Außerdem hat er die Karte mit den Hauptstädten Afrikas noch nicht ganz fertig gemalt. Ihm bleibt nicht viel Zeit, denn Mike ist nie länger als ein, zwei Stunden in der Bucht. Zusammen mit Jennie rennt Ben ins Kinderzimmer und macht sich an die Schulaufgaben.

»Warum erledigt ihr immer alles auf den letzten Drücker?«, ruft ihnen die Mutter hinterher. Eigentlich sollte sie die beiden bei den Schulaufgaben stärker beaufsichtigen. Aber sie und ihr Mann wollen die Kinder zur Selbständigkeit erziehen, darum mischen sie sich nur selten ein.

Endlich sind die Aufgaben erledigt. Mike hat in der Zwischenzeit die Lebensmittel und die Post verteilt, den Müll im Helikopter verstaut und trinkt noch eine Tasse Kaffee bei den Potters. Als Ben in die Küche kommt, erzählt Mike gerade von einem schweren Autounfall auf der Strecke zwischen Christchurch und Dunedin. Ben kann sich gar nicht mehr richtig vorstellen, wie das mit dem Verkehr und den Autos ist. Er war schon lange nicht mehr in der Stadt. Eigentlich kennt er Autos nur aus Zeitschriften und Schulbüchern. Nicht aus dem Fernsehen, denn das gibt es bei den beiden Familien nicht.

»Hallo, Mike, hier ist mein ‚Grüner‘«, begrüßt Ben den Hubschrauberpiloten.

»Hallo, Ben! Na, was machen die Delphine?«, fragt Mike. Er weiß, dass der Junge von den Tieren begeistert ist. Auch Mike liebt Delphine, aber er hat nicht die Zeit sich intensiv mit ihnen zu beschäftigen. »Was ist mit deinem Aufsatz, Ben? Mit dem über die Delphine?«

»Oh, ich weiß noch nicht. Ich hab’ den neuen Um-

16

schlag noch nicht aufgemacht.« Ben reißt den grünen Umschlag auf und überfliegt schnell, was Herr Miller, sein Lehrer, geschrieben hat. »Herr Miller findet den Aufsatz klasse. Er schreibt, dass ich mich richtig in einen Delphin reinversetzt habe. Man spüre beim Lesen, wie sehr mir die Tiere gefallen. Und wie gut ich über Delphine Bescheid weiß. Nur mit den Kommas hat es nicht so geklappt, schreibt er.« Das weiß Ben. Wenn er mal am Schreiben ist und seiner Fantasie freien Lauf lässt, dann kann er sich nicht um Kommas kümmern.

Mike will schon wieder los. »Es soll heute noch ordentlich stürmen, haben sie beim Wetteramt gesagt. Da möchte ich rechtzeitig daheim ankommen.« Ben findet das schade. Er wäre gern noch mit Mike in die Bucht gegangen um nach den Delphinen Ausschau zu halten. »Also dann, macht's gut, bis in zwei Wochen!« Schon steht Mike in der Tür. »Und grüß mir die Delphine, Ben.«

»Mach' ich, Mike.«

Kurz darauf startet der Helikopter. Mit Mike gehen auch die Hausaufgaben der Kinder auf die Reise. Sie fliegen nach Wellington, in die Hauptstadt des Landes. Dort arbeiten in großen Büros über 500 Lehrer – ohne Schüler. Auf ihren Schreibtischen landen die »Grünen«. Jeden Monat gehen in der Correspondance School, so heißt die Schule, über

50 000 grüne Umschläge ein. Sie kommen aus allen Teilen des Landes. Jede Lehrerin und jeder Lehrer betreut fünfzig bis hundert Schüler, aber gesehen haben sie ihre Schüler noch nie. Sie korrigieren die Aufgaben und Tests und schicken sie dann im nächsten grünen Umschlag zurück.

»Ben, wir gehen zu den Miki-Miki-Büschen, kommst du mit?«, will Bens kleine Schwester Amie wissen.

»Ja, gute Idee!«, ruft Ben.

Die Miki-Miki-Büsche sehen sehr stachelig aus. Trotzdem nimmt Amie Anlauf und landet mit einem großen Satz und lautem Juhu im Gebüsch. Gleich darauf rennt Jennie los. Nach einem Hechtsprung liegt auch sie in den Büschen und federt noch nach. Die Büsche, die so schrecklich stachelig aussehen, sind es überhaupt nicht. Die Kinder von Te Waewae Bay haben viel Spaß damit. Stundenlang üben sie neue Sprünge und Höhenrekorde.

»Holzzeit!«, ruft da Tims Vater.

»Schon wieder«, mault Amie.

Holzzeit bedeutet, dass die Kinder mit dem Pony Samira und einem Schlitten zum Strand losziehen und das Ufer nach Treibholz absuchen. Das Holz kommt auf die Schlitten und Samira zieht die Fracht nach Hause. Dort wird es dann in kleine Stücke gespalten – Feuerholz für den Ofen.

»Bei dem Sturm gestern wurde ganz schön viel Holz angeschwemmt«, meint Tim und schaut den Strand entlang.

»Stimmt. Da ist der Schlitten wenigstens schnell voll.« Amie nickt zufrieden. Sie will gleich wieder zu den Miki-Miki-Büschen zurück.

Plötzlich hören die Kinder ein merkwürdiges Geräusch. Wie ein Schnattern, aber in einer ganz hohen Tonlage.

»Das gibt's doch nicht! Das ist ja ein Delphin.« Ben ist fassungslos. So nah am Ufer hat er noch nie einen Delphin gesehen. Den Kindern ist das Holz auf einmal schnuppe. Sehr vorsichtig, um das Tier nicht zu erschrecken, gehen sie näher heran.

»Es ist ein ganz junger Delphin«, flüstert Ben. »Komisch, dass er nicht wegschwimmt.«

»Ben, schau dir mal die rechte Flosse an. Die blutet ja«, sagt Tim.

»Richtig, der Delphin ist verletzt. Darum schwimmt er auch nicht weg.«

Die Kinder überlegen, was sie tun können.

»Wir müssen erst mal herausfinden, wie wir dem Delphin helfen können«, meint Jennie.

»Ich hab's«, sagt Ben. »Wir holen Vater. Der funkt immer einen Tierarzt in Christchurch an, wenn mit den Rindern etwas nicht in Ordnung ist. Vater soll ihn fragen, was wir für den Delphin tun können.«

Terry Potter bestätigt die Vermutung der Kinder. »Die Flosse ist eingerissen. Das könnte bei einem Kampf passiert sein. Oder durch eines dieser üblen riesigen Treibnetze. Mit denen fahren die Fischer übers Meer und fangen alles ein, was darin landet. Der Kleine da hat sich vermutlich retten können. Ich werde mal Doktor Swan anfunken.«

»Das ist wohl das Beste«, meint auch Tims Vater, der gleich mitgekommen ist. »Wahrscheinlich hat der Delphin Hunger. Wir sollten ihm etwas Fisch geben.« Das lassen sich die Kinder nicht zweimal sagen. Sofort sausen sie zurück in die Häuser und schauen in den Speisekammern nach Fischen.

In der Zwischenzeit wird Tierarzt Dr. Swan angefunkt. Alle versammeln sich um Terry Potter am Funkgerät und warten gespannt, was der Tierarzt rät. »Also, Doktor Swan meint, dass wir nicht viel tun können. Der Riss ist nicht so tief, dass man ihn nähen müsste«, fasst Bens Vater das Gespräch zusammen. »Die Flosse wird von allein heilen, aber

der Delphin kann noch nicht richtig schwimmen,
also auch nicht auf Nahrungssuche gehen. Doktor
Swan sagt, wir sollen ihn mit Fischen versorgen und
ihm Gesellschaft leisten.«

»Klar«, unterbricht Ben den Vater. »Delphine leben
in einer Gruppe zusammen, die nennt man Delphinschule. Sie sind keine Einzelgänger. Aber der kleine
Delphin soll sich hier nicht einsam fühlen. Dafür
werden wir schon sorgen.«

Die anderen Kinder nicken.

»Also, dann geht zu eurem Patienten und gebt ihm
was zu futtern.« Der Vater lacht. »Aber lasst für uns
ein paar Fische übrig.«

Ganz leise gehen sie zum Strand, um den Delphin
nicht zu erschrecken. Das Schnattern ist leiser ge-

worden. »Es hört sich fast wie ein Wimmern an«, meint Jennie. »Ich glaube, der Delphin ist einsam und hat Angst.«

»Und Hunger«, fügt Tim hinzu. Wie zum Beweis verspeist der Delphin die Fische, die ihm die Kinder zuwerfen, in null Komma nichts.

»Was sollen wir jetzt mit ihm machen?«, will die kleine Amie wissen. »Darf ich ihn streicheln?«

»Ja, klar, wenn er sich streicheln lässt«, erklärt Ben, der sich schließlich mit Delphinen auskennt.

Sehr vorsichtig streckt Amie den Arm aus. Der Delphin bleibt ganz ruhig. Amie berührt ihn. »Du bist ja süß. Hoffentlich geht es dir bald besser«, spricht das Mädchen leise auf ihn ein, während sie ihn streichelt. Das scheint ihm gut zu gefallen und Amie strahlt über das ganze Gesicht. »Ich heiße Amie«, stellt sie sich dem Delphin vor. »Der mit den dunklen Haaren, das ist mein Bruder Ben, der mag Delphine sehr.« Amie nennt dem Patienten die Namen aller Kinder. Und alle streicheln den Delphin. »Ich glaube, das gefällt ihm«, flüstert Amie. »Er sieht überhaupt nicht mehr ängstlich aus.«

»Kinder, Zeit für die Schulaufgaben. Na, kommt schon.« Tims Mutter reißt die vier aus ihrem »Gespräch« mit dem Delphin.

»Och, nicht jetzt«, mault Jennie. »Es gibt Wichtigeres als die ollen Aufgaben.«

Meckernd machen sich die Kinder auf den Weg. Alle bis auf Ben. »Ich komme später nach. Ich leiste dem Delphin noch etwas Gesellschaft. Das ist wichtig, hat ja auch der Arzt gesagt«, fügt er wie zur Entschuldigung hinzu. Die anderen nicken ihm zu.

Ben beugt sich zu dem Delphin hinunter und streichelt ihn ganz behutsam. »Hallo, mein Freund. Geht es dir besser? Was ist nur mit dem Rest deiner Familie passiert? Konnten sie sich nicht mehr aus den Fangnetzen befreien oder hat es sie in eine andere Richtung getrieben? Du bist noch ziemlich jung, was? Aber du brauchst keine Angst zu haben, hier bist du in Sicherheit. Wir passen gut auf dich auf.« Ben erzählt dem Delphin, wer alles in der Bucht lebt und dass die anderen jetzt über ihren Schulaufgaben brüten. Er spricht vom Pony Samira, von den Farnwäldern und den Miki-Miki-Büschen und ist sicher, dass der Delphin ihn versteht.

Als sich ein Arm um seine Schulter legt, erschrickt Ben. »Mutti, du bist es!«

23

»Ich möchte den neuen Bewohner der Bucht kennen lernen«, sagt sie.

»Du kannst ihn sogar streicheln«, erklärt Ben.

Liz Potter schaut den Delphin genau an. »Was heißt hier ,ihn'? Der Delphin ist doch ein Weibchen. Und es ist ganz entzückend«, flüstert sie begeistert. Das Geschlecht von Delphinen ist sehr schwer zu erkennen, aber Bens Mutter ist Biologin. »Die Zitzen der Weibchen sind in Hautlappen am Bauch versteckt. Man kann sie nur sehen, wenn man weiß, wo man hinschauen muss«, erklärt sie ihrem Sohn. »Bei den Männchen ist der Penis eingerollt wie eine Spirale und die Hoden sitzen an den Seiten. Auf den ersten Blick sind auch die nicht sichtbar.«

Gemeinsam sitzen Mutter und Sohn eine Weile am Strand und schauen das Delphinmädchen an. »Habt ihr schon einen Namen für sie?«

»Nö, zum Glück noch nicht. Wir hätten ihr sicherlich einen Jungennamen gegeben«, meint Ben. Es ist ihm peinlich, dass ausgerechnet ihm, der doch einiges über Delphine weiß, nicht aufgefallen ist, dass das Tier ein Weibchen ist.

»Komm, Ben, es ist schon spät. Du solltest allmählich ins Bett gehen.« Liz Potter gibt ihrem Sohn einen leichten Klaps und Arm in Arm spazieren die zwei nach Hause. Natürlich nicht ohne dem Delphin eine gute Nacht gewünscht zu haben.

Am nächsten Morgen ist Ben früh wach. Noch im Schlafanzug rennt er hinunter zum Strand und wird vom Delphin mit Schnattern begrüßt.

»Guten Morgen, Delphin. Geht es dir besser?«

Als ob der Delphin verstanden hätte, hebt er den Kopf und wippt mit der langen Schnauze. Das sieht aus, als wollte er einen geworfenen Ball mit der Schnauze wegkicken. Da hat Ben eine Idee.

»Ich bin gleich wieder da!«, ruft er der Patientin zu.

Auf dem Weg zum Haus trifft er Tim. »Hei, Ben, ich bringe das Frühstück für den Delphin.«

»Klasse, aber der Delphin ist eine Sie. Ich komme in einer Minute wieder.«

Als Ben zurück am Strand ist, verspeist der Delphin gerade den letzten Fisch. »Mann, die hat einen Kohldampf«, staunt Tim. »Was hast du denn vor?«

»Ein bisschen Ball spielen«, meint Ben. »Wir sollen ihr doch die Zeit vertreiben.«

»Gute Idee«, sagt Tim.

Schon fliegt der bunte Ball in Richtung Wasser und landet neben dem Delphin. Der erschrickt erst mal, kommt dann aber mit seiner langen Schnauze vorsichtig näher.

»Die ist ganz schön neugierig. Schau mal!«, ruft Ben begeistert. Das Delphinmädchen hat den Ball mit der Schnauze zurückgeworfen. »Super! Jetzt

können wir zu dritt richtig Ball spielen.« Und wirklich, es geht mit jedem Wurf besser. Wenn der Ball gut gezielt in Richtung Delphinmädchen fällt, reckt sie schon die Schnauze empor, holt aus und wirft den Ball wieder zurück.

Die drei sind völlig auf ihr Spiel konzentriert. Sie merken gar nicht, dass es zu regnen beginnt. Erst als Liz Potter kommt und den Jungen die Regenjacken bringt, spüren sie, dass sie ganz nass sind.

»Guten Morgen, ihr zwei. Wie wär's mit einer heißen Schokolade im Haus?«

»Prima Idee, Mutti! Wir kommen gleich. Erst noch ein bisschen spielen«, entgegnet Ben. Gleich darauf gelingt ihm ein guter Wurf. Der Delphin fängt den Ball geschickt mit der Schnauze und gibt ihn sofort wieder zurück. »Habt ihr das gesehen?«

Bens Mutter und Tim klatschen Beifall.

»Das war ein Spitzenwurf«, lobt Liz Potter.

Nach dem Frühstück flitzt Ben gleich wieder zum Strand. Die anderen sind auch schon dort.

»Ben, wir sollten dem Delphin einen Namen geben!«, ruft ihm Amie von weitem zu.

»Ja, aber einen Mädchennamen. Es ist nämlich ein Weibchen.«

»Wie wär's mit Ella?«, schlägt Jennie vor.

»Nö, das passt doch nicht zu ihr. Ella klingt so trampelig«, entgegnet Tim. Zoii ist sein Vorschlag, doch

die Begeisterung der anderen hält sich in Grenzen.
»Ich hab's!«, ruft Amie. »Wie wär's mit Fräulein
Agathe?« Schallendes Gelächter.
»Fräulein Agathe klingt gut«, meint Ben, »aber
nicht für einen Delphin. Wie findet ihr Cilly?«
Alle nicken. Cilly passt gut. »Na, Cilly, wie gefällt
dir dein Name?« Der Delphin hebt den Kopf und
wippt mit der Schnauze.

27

Egal ob es regnet oder stürmt – Ben ist immer bei Cilly. Sie üben Tricks oder Ben erzählt ihr, was es an Land zu sehen gibt. Sie spielen fast die ganze Zeit zusammen.

Ben hat sich einen guten Kniff ausgedacht, wie er um die Schulstunden bei Susan Walker herumkommt. Er sagt, er mache seine Aufgaben abends vor dem Schlafengehen. Leider hat das noch keinen Tag geklappt, denn abends ist er todmüde. Er fällt ins Bett und schläft, bis er am nächsten Morgen wieder zu Cilly geht. Und so kommt es, dass Ben an dem Morgen, an dem er Mikes Hubschrauber hört, noch keine einzige Aufgabe gemacht hat. Er hat den letzten grünen Umschlag nicht mal geöffnet.

Mike wird verstehen, dass es manchmal Wichtigeres gibt als Schule. Mutter versteht es auch. Aber was ist mit Herrn Miller in Wellington? Weiß so ein Großstadtmensch wohl, wie toll es ist, den Tag mit Cilly zu verbringen?

Ben ist nicht wohl dabei, als er seiner Mutter und Mike gesteht, dass er die Aufgaben nicht gemacht hat. »Es ist wegen Cilly«, sagt er entschuldigend. »Und der Arzt hat doch gesagt, dass sie Gesellschaft braucht.«

»Ja, das hat der Arzt gesagt«, räumt die Mutter ein. »Damit hat er aber nicht gemeint, dass du deine Schulaufgaben nicht machen sollst. Was jetzt?«

Ben überlegt. Herr Miller fand doch den Aufsatz über die Delphine so gut. Vielleicht versteht er es doch. »Also, ich werde Herrn Miller einen Brief schreiben und ihm die Sache mit Cilly erklären. Und dass ich die Aufgaben nachholen werde – das verspreche ich.«

Liz Potter und Mike nicken. »Okay, mach dich gleich ans Werk.«

Ben schreibt einen langen Brief an Herrn Miller. Hoffentlich versteht er mich, denkt er bei sich, während er den Brief in einen Umschlag steckt.

»Und nun musst du mir Cilly vorstellen«, sagt Mike. »Okay, komm mit zum Strand!«, ruft Ben und schnappt sich im Vorbeigehen den Ball.

Schon von weitem begrüßt sie der Delphin mit lautem Geschnatter. »Na, Cilly, ist dir langweilig? Das hier ist Mike, er mag Delphine.« Ben nimmt Mikes Hand und führt sie zu der feuchten, kühlen Delphinhaut. Mike streichelt sie und grinst Ben an.

»Deine Cilly ist aber hübsch, 'ne richtige Schönheit. Und was macht der Riss in ihrer Flosse?«

»Der ist viel besser. Cilly schwimmt ganz locker in der Bucht rum. Wir füttern sie kaum noch. Sie sorgt schon wieder ziemlich gut für sich selbst«, erzählt Ben nicht ohne Stolz.

»Wie wär's, wenn wir das Ruderboot nehmen und mit Cilly ein bisschen rumpaddeln?« schlägt Mike

vor. »Ich möchte einen Blick auf ihre Schwimm-
künste werfen.«

»Ja, los!« Schon sitzen sie im roten Ruderboot.

Cilly schwimmt neben ihnen her, streckt die
Schnauze aus dem Wasser und scheint zu lachen.
Aber Sprünge macht sie keine.

»Zu springen traut sie sich wohl noch nicht. Und besonders schnell schwimmt sie auch nicht«, meint
Mike fachmännisch. »Entweder ist die Wunde noch
nicht richtig verheilt oder der Schock von der Ver-
letzung sitzt noch tief. Es ist gut, dass du dich um sie
kümmerst. Sie braucht wirklich Gesellschaft. Trotzdem – denk auch an die Schule.« Er klopft Ben auf
die Schulter. »So, nun muss ich wieder los. Es warten noch ein paar Familien auf Post.«

Mike macht sich auf den Weg Richtung Hubschrauber. »Oh, fast hätte ich eure Umschläge vergessen.«
Er zwinkert Ben zum Abschied zu.

Leider nur fast, denkt Ben bei sich und überlegt, wie
Herr Miller wohl auf seinen Brief reagieren wird.

Die Gedanken an den Lehrer und die »Grünen« sind
aber schnell verflogen, denn Ben ist schon wieder
auf dem Weg zum Strand. Unten steht sein Vater.

»Junge, ich muss mal mit dir reden«, sagt Terry Potter ernst. Das hört sich nicht gut an. »Ich verstehe,
dass du gern mit Cilly zusammen bist. Ihr seid auch
ein gutes Team. Aber es geht nicht, dass du zwei

Wochen lang überhaupt nichts für die Schule tust.
Wir lassen euch Kindern fast alle Freiheiten, weil
wir euch zu selbständigen Menschen erziehen wollen. Aber es gibt ein paar Spielregeln, die eingehal-
ten werden müssen. Und dazu gehören nun mal die
Schulaufgaben. Versprichst du mir, die Aufgaben
nachzuholen und die neuen pünktlich zu machen?«
Uff! Normalerweise hat Ben schon mit einem Umschlag genügend zu tun. Und nun soll er gleich die
doppelte Menge erledigen? Da bleibt ja kaum noch
Zeit für Cilly. Aber er weiß, dass er keine andere
Wahl hat, und nickt nur.
»Mir ist klar, dass das viel ist. Aber Cilly braucht
nicht mehr so viel Aufmerksamkeit und vielleicht
kann sie dir beim Lernen zuschauen«, sagt Terry
Potter. Er nimmt seinen Sohn in die Arme und Ben
kuschelt sich an den rauen Wollpulli. Er hat seinen
Vater sehr lieb, er will ihn nicht enttäuschen.

Bens Stimmung steigt ein bisschen. Ja, er wird seine Aufgaben am Strand machen. Auf dem kleinen hölzernen Bootssteg wird er sitzen und Cilly erzählen, was er gerade tut. So hat sie Unterhaltung und er kann seine Aufgaben erledigen. »Cilly, was hältst du davon?« Er hört kein Geschnatter. »Ach, dir ist das wohl zu langweilig? Das kann ich gut verstehen. Aber ich muss die Aufgaben machen, sonst gibt's Ärger. Außerdem habe ich es meinem Vater versprochen. Ich hol' gleich mal den ‚Grünen'.« Wie eine Gans schnattert Cilly hinter ihm her.

Ben stürzt sich mit Eifer auf seine Matheaufgaben. »Ach, Cilly, sei froh, dass du ein Delphin bist und dich nicht mit so kniffligen Gleichungen rumplagen musst.« Er arbeitet sehr konzentriert, vier Stunden lang. Fast hat er die Mathegleichungen geknackt, da – platsch! Ben ist pitschnass.

»Hei, was soll das?«, ruft er zu Cilly hinüber. Der Junge hat nicht bemerkt, dass das Delphinmädchen immer unzufriedener geworden ist. Richtig eifersüchtig ist sie, weil Ben sich mit den Matheaufgaben und nicht mit ihr beschäftigt. Mit der gesunden Flosse hat sie kräftig ausgeholt und Ben von oben bis unten nass gespritzt. Und – sie hat auch die Schulaufgaben erwischt. Die Tinte ist zerflossen, das Papier quillt auf und wellt sich. Von den Gleichungen ist nichts mehr zu erkennen.

»O nein!« Ben stehen Tränen in den Augen. »Die ganze Arbeit umsonst! Als ob ich nicht genug Aufgaben zu machen hätte. Mensch, Cilly, das war aber nicht nett von dir.«

Der Versuch ging also schief. Entweder Cilly oder Schule – beides zusammen funktioniert nicht. Aber Ben kann dem Delphinmädchen nicht lange böse sein. Schon hebt sie wieder keck ihre Schnauze aus dem Wasser und scheint zu sagen: Los, lass uns Ball spielen. Dazu hat Ben viel mehr Lust, als weitere Matheaufgaben zu lösen.

Die anderen Kinder von Te Waewae Bay schauen auch jeden Tag bei Cilly vorbei. Sie bringen ihr leckere Häppchen oder spielen mit ihr Ball. Aber Ben ist der Einzige, der sich ständig um das Delphinmädchen kümmert und seine ganze Zeit mit ihr verbringt. So gehen wieder zwei Wochen vorbei, in denen Cilly und Ben unzertrennlich sind. Die Schulaufgaben bleiben liegen. Abends versucht er

zwar noch, ein paar Aufgaben zu machen, doch er ist viel zu müde um sich zu konzentrieren. Und als Mike das nächste Mal kommt, hat Ben nicht einmal die Aufgaben aus einem Umschlag bearbeitet.

Noch bevor Mike mit dem Hubschrauber landet, steht Bens Vater in der Zimmertür. »Na, Ben, wie sieht's aus? Sind die Aufgaben fertig?«

Ben schüttelt den Kopf. »Es hat nicht gereicht, Dad«, sagt er leise. »Ich hab's am Strand probiert, aber Cilly hat mir das ganze Matheheft nass gespritzt. Und abends war ich zu müde. Dabei wollte ich dich auf keinen Fall enttäuschen.«

Ben muss weinen. Er ist von sich selbst enttäuscht. Das weiß auch Terry. Deshalb nimmt er seinen Sohn in die Arme. »Ben, ich hab' gesehen, wie du dich abgemüht hast dein Vergnügen und deine Verpflichtungen unter einen Hut zu kriegen. Aber es hat nicht geklappt. Du willst beides, aber dafür reicht die Zeit nicht aus. Wie willst du das dem Lehrer erklären?«

Daran hat Ben noch gar nicht gedacht. Er muss erst mal die Antwort auf seinen Brief haben.

Gerade ist Mike gelandet, da steht Ben schon neben ihm. »Hallo, Mike, ist ein Brief für mich dabei?«

»Nein, ich habe keinen extra Brief für dich. Aber vielleicht steckt er im Umschlag«, antwortet Mike.

Ben reißt sofort den »Grünen« auf und findet einen Brief von Herrn Miller.

»Er schreibt, dass er es verstehen kann, wenn ich viel Zeit mit Cilly verbringe. Und es sei nicht so tragisch, dass ich einmal nicht fertig geworden bin. Aber ich soll mich jetzt auf den Hosenboden setzen und die Aufgaben nachholen. Sonst muss er es dem Rektor melden.«
»Und? Hast du die Aufgaben diesmal fertig?«
Ben schüttelt den Kopf. »Hat nicht ganz gereicht.«

Ben nimmt sich vor, dass die Schule ab sofort Vorrang hat. Aber wenn er im Boot sitzt und neben Cilly durch die Bucht rudert, hat er seine guten Vorsätze vergessen. Es macht so viel Spaß mit dem Delphin und die Zeit vergeht wie im Flug. Da bleibt einfach kein Platz für die Schulaufgaben.
So geht wieder eine Woche herum, in der Ben so gut wie keine Aufgaben gemacht hat. Immer wenn er seinen Vater sieht, hat er ein schlechtes Gewissen. Seine Eltern fragen ihn nicht, wie es mit den Schulaufgaben läuft. Sie meinen, dass Ben selbst für sich verantwortlich ist, und zwingen ihn nicht die Aufgaben zu machen. Aber Ben muss die Konsequenzen in Kauf nehmen.
Zwei Tage bevor Mike mit dem nächsten Umschlag von der Schule kommt, übt Ben mit Cilly ein neues Kunststück ein: Er wirft einen Gummiring in ihre Richtung, den sie geschickt mit der langen Schnau-

ze fängt und gleich darauf wieder zurückschleudert. Dabei ist es wichtig, dass Ben nicht zu stark wirft. Sonst bleibt der Ring auf der Schnauze stecken und Cilly bekommt ihn nicht mehr los.

Gerade hat ein Wurf besonders gut geklappt.

»Prima gemacht, großes Mädchen«, lobt Ben.

»Stimmt, der Wurf war perfekt«, hört er eine Frauenstimme hinter sich. Ben dreht sich um.

»Hallo, Ben! Ich bin Maria Smith, die neue Betreuungslehrerin für Te Waewae Bay. Ist ja toll, wie du dich mit dem Delphin verstehst.«

»Cilly ist auch ein prima Kumpel. Aber was ist mit Phil, der bisher immer zu uns gekommen ist?«

»Phil hatte einen Autounfall und kann diesen Job nicht mehr machen. Er arbeitet jetzt in der Zentrale in Wellington«, berichtet die neue Lehrerin.

Solche Betreuungslehrer besuchen die Kinder der Correspondance School immer wieder. Mal alle vier, fünf Wochen, mal dauert es zwei bis drei Monate, bis sie kommen. Sie wollen wissen, ob es Probleme gibt, fragen Grammatikregeln ab, lassen die Kinder vorlesen und nehmen es auf Tonband auf. So können die Lehrer in Wellington hören, ob ihre Schüler Fortschritte machen. Die Betreuungslehrer wollen auch wissen, ob die Kinder ihre Aufgaben allein oder mit anderen machen, wie viel Stunden sie lernen – und ob sie sich wohl fühlen und mit dem

Schulstoff nicht überfordert sind. Sie suchen sich entweder einen Weg durch die Wälder zu den abgelegenen Häusern der Schüler oder sie kommen mit dem Hubschrauber, wenn gerade einer dorthin fliegt, wo sie hinwollen.

»Ben, du kannst dir sicherlich denken, warum ich gekommen bin.«

»Hat Herr Miller Sie geschickt?«

»Ja. Er macht sich Sorgen. Wenn du weiterhin keine Aufgaben machst, ist deine Versetzung gefährdet. Ist dir das klar?«

»Ja«, antwortet Ben mit leiser, aber fester Stimme.

»Trotzdem möchte ich Cilly helfen. So lange, bis sie ganz gesund ist und sich wieder einer Delphinschule anschließen kann. Auch wenn ich deshalb sitzen bleibe – Cilly soll es gut haben.«

»Du hast dir das wohl bereits genau überlegt«, sagt die Lehrerin.

»Ich kann von Cilly so viel lernen. Wissen Sie, wie lange es gedauert hat, bis sie die Sache mit dem Gummiring kapiert hat? Und wissen Sie, wie eifersüchtig sie auf die Matheaufgaben war? Sie hat das ganze Heft nass gespritzt, weil ich nicht mit ihr gespielt habe. Sie braucht mich einfach.«

»Vielleicht hast du recht«, erwidert Frau Smith. »Aber hast du dir auch überlegt, dass deine Cilly bald ohne dich auskommen und wieder mit anderen

Delphinen zusammenleben wird? Und was wird dann aus dir? Wenn du dich zu stark an das Tier bindest, fällt dir der Abschied umso schwerer …«

Weiter kommt sie nicht, denn Cilly taucht unter dem Steg auf und pocht mit ihrer Schnauze gegen die Schuhe der Lehrerin, die auf dem Steg sitzt und die Beine baumeln lässt. Zuerst erschrickt Frau Smith. Cilly streckt den Kopf aus dem Wasser und schnattert. Frau Smith strahlt.

»So ist das«, meint Ben. »Das Mädchen will unterhalten werden. Und das jeden Tag. Da bleibt nicht viel Zeit für Schulaufgaben.«

Cilly taucht unter, schnellt dann aus dem Wasser und lässt sich mit einem lauten Platscher wieder ins Meer fallen.

»Haben Sie das gesehen, Frau Smith? Cilly hat zum ersten Mal einen Sprung gewagt. Das heißt, es geht ihr wieder besser. War das nicht klasse?«, ruft Ben.

»Ja, das war super.« Auch die Lehrerin ist fasziniert. Und sie seufzt. »Ich kann dich verstehen, Ben. Ich kann verstehen, dass das Delphinmädchen interessanter und aufregender ist, als Gedichte zu interpretieren oder Steigerungsformen zu pauken. Was machen wir denn jetzt?«

Ben ist verdutzt. »Sie können das verstehen?«

»Ja. Aber ich weiß auch, wie wichtig es ist, dass du deine Aufgaben machst. Und darum habe ich keine

38

Ahnung, was ich dir sagen soll. Am besten, wir reden mal mit deinen Eltern.«

»In Ordnung«, meint Ben. »Wollen Sie vorher noch Cilly streicheln?«

Frau Smith nickt. Ben ruft seine Freundin. Die kommt sofort und lässt sich bereitwillig von der Lehrerin liebkosen. »Das ist ein ganz schön raffiniertes Mädchen.« Frau Smith lacht. »Die weiß ge-

nau, wie man Leute um den Finger wickelt.« Die
Lehrerin gibt dem Delphin einen leichten Klaps und
geht dann mit Ben zu seinen Eltern.

»Cilly ist gesprungen«, sagt Ben, als sie im Haus
sind. »Das heißt, sie ist schon fast gesund.«

Die Eltern, Frau Smith und Ben setzen sich an den
großen runden Holztisch. »Wenn der Delphin bald
gesund ist, braucht sich Ben nicht mehr um ihn zu
kümmern. Dann hat er wieder mehr Zeit für seine
Schulaufgaben«, unterstützt Liz Potter ihren Sohn.
Sie kann ihn nämlich sehr gut verstehen. Und sie
meint, dass Ben in diesen Wochen mehr gelernt hat,
als er in der Schule jemals lernen wird.

»Ich bin auch dafür, dass wir Ben eine Chance geben«, fügt der Vater hinzu. »Es ist klar, dass er keine
Aufgaben macht, solange Cilly in der Bucht ist. Er
hat es ernsthaft versucht, aber es hat nicht funktioniert. Darum schlage ich vor, dass er sich weiter um
Cilly kümmert, bis sie ganz gesund ist. Und dann
soll er versuchen, den versäumten Stoff nachzuholen. Wenn es ihm nicht gelingt, muss er dieses
Schuljahr eben wiederholen.«

»Ich werde mich ganz bestimmt um die Schulaufgaben kümmern, wenn Cilly gesund ist. Großes
Ehrenwort«, verspricht Ben mit ernster Miene.

»Dagegen kann ich wohl keinen Einspruch erhe-
ben«, sagt Frau Smith. »Außerdem will ich das gar

nicht. Abgemacht, Ben: Du sorgst dafür, dass Cilly wieder fit wird, und danach kümmerst du dich eingehend um den Inhalt deiner ‚Grünen‘, okay?«

Ben strahlt. »Sie sind ja noch netter als Phil«, meint er. Dann umarmt er alle drei – die Eltern und die Lehrerin. »Müssen wir jetzt noch eine Leseprobe machen wie sonst immer?«, fragt er kleinlaut.

»Geh schon zu deiner Cilly!« Frau Smith lacht. »Ich komm' nachher nochmal zum Strand.«

Ben saust zu Cilly und erzählt ihr alles. Sie nickt mit ihrem großen Kopf, als würde sie genau verstehen, was er sagt.

Gerade als Frau Smith auftaucht, springt Cilly wieder in die Höhe. Die Lehrerin klatscht vor Begeisterung in die Hände. Und zusammen mit Ben rudert sie in die Bucht hinaus.

»Frau Smith, ich bin so glücklich! Sie sind große Klasse. Schauen Sie nur, wie hoch Cilly springt. Jetzt ist sie wirklich bald gesund. Ich muss übermorgen Mike fragen, ob wir sie aus der Bucht bringen sollen.« Das klingt allerdings nicht mehr so fröhlich. Ben weiß genau, dass dann die tolle Zeit mit Cilly vorbei ist. Wenn sie sich erst einer Delphinschule angeschlossen hat, wird sie sich wahrscheinlich nicht mehr blicken lassen.

Frau Smith wirft Cilly den Ball zu, den das Delphinmädchen gekonnt auf der Schnauze balanciert. Das

reißt Ben aus seinen traurigen Gedanken. Er freut sich, dass Cilly sich gut mit der Lehrerin versteht. »Also, Ben«, sagt Frau Smith, »ich werde Herrn Miller erklären, wie du das mit den Schulaufgaben regelst. Er hat keine andere Wahl, er muss es akzeptieren. Und ich bin sicher, dass du dir Mühe geben wirst den versäumten Stoff nachzuholen.«

Zum Abschied umarmen sich die beiden. »Auf Wiedersehen! Ich freu' mich schon, wenn Sie das nächste Mal in die Bucht kommen«, sagt Ben, und er meint es ehrlich.

Zwei Tage später kommt Mike mit dem Hubschrauber. Sofort wird er von Ben in Beschlag genommen. »Mike, du musst dir Cilly anschauen. Ich glaube, sie ist gesund.«

»Hallo, Ben! Okay, ich komme gleich mit.«

Auch Mike findet, dass Cillys Flosse wieder ganz in Ordnung ist. »Sollen wir sie zusammen aus der Bucht bringen?«

»Heute schon?« Nein, das ist Ben zu früh. »Ich bringe sie morgen oder übermorgen raus. Ich möchte das allein machen.«

Eines ist Ben noch nicht klar: »Mike, warum müssen wir Cilly überhaupt aus der Bucht bringen?«

»Weil sie sich im offenen Meer besser orientieren kann. Nur so findet sie ihre Fischfanggebiete wie-

der. Sie hat bestimmte Gegenden für den Sommer und andere für den Winter. Und dort wird sie auch auf ihre Familie stoßen – wenn es die noch gibt.

Oder sie kann sich einer anderen Delphinschule anschließen. Delphine sind sehr sozial. Sie nehmen Artgenossen, die allein sind, bei sich auf. Du brauchst dir um Cilly keine Sorgen zu machen.«

»Wird sie irgendwann in die Bucht zurückkommen?« Der Gedanke, dass er Cilly vielleicht nie wiedersehen wird, macht Ben sehr traurig.

»Das weiß ich leider nicht. Ich weiß nur, dass Delphine treu sind und einen guten Orientierungssinn haben. Ob Cilly wieder in die Bucht kommt, hängt wohl auch von ihrer Delphinschule ab. Und davon, welchen Platz Cilly in der Schule einnimmt und wo sie ihre Fischgründe haben. Ben, du kannst nur abwarten. Ich kann mir vorstellen, dass das sehr schwer für dich ist. Aber Cilly ist in der Weite des Ozeans zu Hause, nicht in Te Waewae Bay.«

Das versteht Ben. Trotzdem fällt es ihm schwer, sich von seiner Freundin zu verabschieden.

Am nächsten Morgen ist es soweit: Alle Bewohner von Te Waewae Bay nehmen Abschied von Cilly. Jeder streichelt sie oder spielt noch einmal mit ihr Ball und alle sind traurig. Schließlich haben die Potters und die Walkers Cilly in ihr Herz geschlossen. Bens kleine Schwester Amie weint.

»Tschüs, altes Mädchen! Und mach einen großen Bogen um die Fangnetze der Fischer«, meint sie zum Abschied. Dann sagt sie, was alle denken: »Besuchst du uns mal wieder?«

Als ob Cilly sie verstanden hätte, streckt sie den Kopf aus dem Wasser, nickt und macht einen großen Sprung.

»Na, das war wohl ein eindeutiges Ja«, ist sich Liz Potter sicher und nimmt ihre Kinder in die Arme.

Ben steigt ins Boot. »Komm, Cilly, wir machen eine letzte Fahrt zusammen.«

Sofort schwimmt das Delphinmädchen neben dem Ruderboot her. Sie springt und es sieht aus, als ob sie dabei mit den Flossen winkt. Alle anderen stehen am Strand und winken zurück.

Ben rudert langsam und sagt kein Wort. Er fühlt sich dem Delphin ganz nah, eng verbunden. Der Junge streckt die Hand ins Wasser und sofort kommt Cilly. Sie lässt sich gern von ihm streicheln. Und obwohl

Ben weiß, dass es gefährlich ist, springt er ins eiskalte Wasser. Sofort ist Cilly neben ihm. Ben hält sich an ihrer Rückenflosse fest und sie schwimmen gemeinsam. Dann taucht Cilly kurz unter. Ganz so, als ob sie ihrem Freund ihre Welt zeigen will. Ben spürt die Kälte des Wassers nicht. Er ist fasziniert und glücklich – und zugleich traurig. Am liebsten würde er immer weiter mit Cilly schwimmen, aber es geht einfach nicht.

Schweren Herzens klettert er wieder ins Boot. Zuvor drückt er Cilly noch einen Kuss auf den Rücken. Er schlottert und zittert am ganzen Körper. »Noch ein paar Meter, Cilly. Da vorne hört die Bucht auf. Dort beginnt der Ozean. Hoffentlich findest du deine Familie wieder. Ich werde dich nie vergessen.«

Cilly macht einen großen Sprung, kommt nochmal ganz dicht ans Boot und schwimmt dann ins offene Meer hinaus. Jetzt ist sie daheim, denkt Ben. Er schaut ihr noch eine Weile nach. Als er vor Kälte schon ganz steif ist, rudert er zurück.

Am nächsten Morgen geht Ben wieder zum Strand. Keine Spur von Cilly. Auch Tim und die anderen Kinder suchen mit ihren Blicken immer wieder die Bucht ab. Nichts. Ben ist traurig. Cilly fehlt ihm sehr. Aber er gibt die Hoffnung nicht auf, dass er seine Delphinfreundin wiedersehen wird.

Er rudert immer wieder hinaus, bis ans Ende der Bucht. Dorthin, wo der Ozean beginnt. Tag für Tag, Woche für Woche. Und eines Tages sieht er eine ganze Delphinschule auf sich zuschwimmen. Ein Delphin schwimmt voran, kommt sehr schnell auf das Boot zu.

»Cilly? Cilly, du bist's wirklich!« Ben ist ganz aufgeregt. Rasch wirft er den Ball ins Wasser, den er immer im Boot hat, und der Delphin wirft ihn zurück. »Hallo, meine Süße! Wie geht es dir?«

Cilly kommt näher und lässt sich von Ben streicheln. Die anderen Delphine schwimmen nach und nach auch ans Boot heran.

Ben lacht. Es ist, als ob Cilly ihm ihre Familie vorstellen will.

Freundschaft zwischen Schwarz und Weiß

Die Sonne brennt.
Es ist über dreißig
Grad heiß.
Und das, obwohl in
Namibia, wie in ganz Afrika, Winter herrscht.

Xania macht die Hitze nichts aus. Sie sitzt vor der Strohhütte und versucht Steine in eine Blechdose zu werfen. Jedesmal, wenn ein Stein trifft, erklingt ein schepperndes Geräusch.

Im Sommer wird es hier im Norden Namibias noch viel heißer werden. Aber dann wird Xania nicht mehr in dem kleinen Dorf Bukalo sein, das nahe an der Grenze zum Nachbarland Botswana liegt. Xania wird ihr Dorf bald verlassen und in die Provinzstadt Katima Mulilo gehen – eine richtige Stadt mit mehreren tausend Einwohnern. Xania wird dort die Schule besuchen.

»Freust du dich?«, hat die alte Namutoni sie gestern gefragt. Xania wusste keine Antwort. Die große Stadt macht ihr ein wenig Angst, weil sie keine Ahnung hat, wie es dort ist. Sie weiß nur, dass in Katima Mulilo viel mehr Leute leben als in Bukalo. Hier sind es etwa siebzig. Die schwarzhäutige Xania

47

kennt jeden von ihnen und jeder kennt sie. Zu
Xanias Dorf führt kein Wegweiser und keine richtige Straße, nur zwei Autospuren schlängeln sich
durchs hohe Gras. Es gibt mehrere Hütten aus Stroh
um einen großen Sandplatz in der Mitte. Es gibt
Hühner und ein paar Ziegen.

Xanias Sippe besitzt einige Felder. Aber weil es so
heiß ist und es so wenig regnet, ist die Ernte fast
jedes Jahr in Gefahr. Und der Kavango, der große
Fluss, ist weit entfernt.

Es sind nur noch ein paar Tage, bis Xanias große
Reise in die Stadt beginnt. Ihr Vater wird sie nach
Katima Mulilo zu seiner Schwester bringen, die mit
ihrer Familie in einer Hütte am Stadtrand wohnt.
Xania hat ihre Tante bisher nur einmal gesehen, bei
der Beerdigung des Großvaters. Die Tante heißt
Nineis. Sie ist groß, daran kann das Mädchen sich
noch erinnern, und sehr dick.

Xania sitzt noch immer vor der Strohhütte, als sie
ein leises Geräusch hört. Das Geräusch kommt
näher, wird immer lauter. Plötzlich klingt es wie ein
Aufjaulen. Xania muss lachen. »Da kommen wieder mal Touristen, die auf Sand nicht fahren können!«, ruft sie ihrer Freundin Otjim zu.

»Die sitzen bestimmt fest. Ich wette, an der tiefen
Sandstelle beim Kiaat«, meint Otjim.

Der Kiaat ist ein Baum mit Blättern, die wie

Schmetterlinge aussehen. Er trägt seltsame Früchte. Sie sind rund und in der Mitte stehen Fäden wie kleine Haarbüschel ab. Genau da sitzt der Samen. Die alte Namutoni röstet ihn in der Glut des Feuers und zerstampft ihn dann. Wenn Xania mal aus der Nase blutet oder ihre Augen entzündet sind, gibt ihr die alte Namutoni etwas von dem Samen. Dann geht es Xania bald wieder gut.

Manchmal fällen die Männer des Dorfes auch einen Kiaat. Xania schaut gern dabei zu. Aus dem Stamm des Baumes quillt roter, klebriger Saft, der ein bisschen wie Blut aussieht. Darum heißt der Kiaat auch Blutbaum. Die Männer machen Möbel aus seinem Holz. Das Bett, in dem Xania mit ihren beiden Schwestern schläft, ist aus Kiaatholz.

Das Motorengeräusch kommt näher. Eine Schnauze aus Metall schiebt sich den Hütten entgegen und bleibt stehen. Die Fremden steigen aus, Videokameras und Fotoapparate in der Hand.

»Pass auf, gleich passiert's!«, ruft Otjim Xania zu. »Aua!« Einer der Fremden hat Piekers und Klettgras an den Strümpfen. Piekers sind winzig kleine Dornen, die sich durch die Strümpfe in die Haut bohren und fürchterlich piksen. Den Menschen in Bukalo machen die Piekers nichts aus. Sie sind daran gewöhnt. Weil sie ständig barfuß gehen, haben alle eine dicke Hornhaut an den Füßen. Aber die

Fremden, die schreien jedesmal auf, wenn sie mit den Piekers Bekanntschaft machen.

Vorsichtig gehen die Touristen durchs Dorf.

Hoangab, der Dorfälteste, schlurft in seinem langen Mantel auf sie zu. Die Fremden geben ihm Tabak und für die Kinder haben sie Bonbons dabei.

Alle sitzen da und schauen die Fremden an.

»Sieh nur, wie die schwitzen«, sagt Xania leise. »Und dabei haben sie fast nichts an.« Ob es solche Leute auch in Katima Mulilo gibt? überlegt sie.

Die Fremden haben genug gesehen, das Klicken der Fotoapparate hört auf. Sie setzen sich wieder in den Wagen, der mühselig auf der sandigen Spur wendet. Allmählich verhallt das Motorengeräusch.

»Das war schon der zweite Besuch in dieser Woche«, meint Namutoni missbilligend. »Hoffentlich werden es nicht noch mehr, sonst ist es aus mit unserer Ruhe.«

In letzter Zeit kommen immer mehr Urlauber nach Bukalo. Die meisten nur für ein paar Minuten, manche auch für eine halbe Stunde. Es sind fast immer Weiße, die hier ihre Erinnerungsfotos schießen, sich

kurz umschauen und wieder wegfahren. Sie wissen nicht, wie Xania und die übrigen Dorfbewohner leben. Die Urlauber staunen nur, dass die schwarzen Menschen in Strohhütten wohnen, keine geteerten Straßen haben und Eselkarren statt Autos. Sie wissen nicht, wie herrlich es ist, wenn das ganze Dorf abends zusammen singt oder wenn die alte Namutoni Geschichten erzählt.

Es ist Essenszeit. Xania geht zur Strohhütte ihrer Familie hinüber. Dort riecht es wie fast jeden Tag nach Millipapp, einem Maisbrei, der mit Wasser angerührt wird. Manchmal gibt die Mutter etwas Zucker dazu, aber meistens ist der Brei ungesüßt und schmeckt eigentlich nach nichts. Doch er füllt den Magen und ist billig. Die Leute in Bukalo haben nicht viel Geld, sie müssen sehr sparsam sein.

»Mama, gibt es in Katima auch weiße Menschen?«, will Xania wissen.

»Ja, und es werden immer mehr«, sagt die Mutter. »Sie sind reich und wohnen in Steinhäusern. Aber das wirst du ja bald alles selber sehen.«

Dann ist es soweit. Xania hat ihre Habseligkeiten in eine kleine Tasche gepackt: Unterhosen, ein Kleid, die Zahnbürste und ein Paar Schuhe. In der Schule darf sie nämlich nicht barfuß gehen wie daheim. Deshalb hat sie von ihrer Cousine Schuhe bekommen. Sie sind nicht mehr neu, sehen aber noch ganz ordentlich aus. Doch sie drücken fürchterlich. Xania fühlt sich darin wie eingesperrt.

Das Mädchen setzt sich neben den Vater auf den Eselkarren. Das ganze Dorf ist gekommen um ihr auf Wiedersehen zu sagen. Alle winken und rufen Xania gute Wünsche zu.

»Bis bald«, flüstert Otjim mit Tränen in den Augen. Auch Xania muss schlucken. Erst im Dezember sind Ferien, erst dann kommt sie wieder.

Wie soll ich das bloß überstehen? denkt sie bei sich. Der Vater schnalzt mit der Zunge und die beiden Esel marschieren los. Mühsam mahlen sich die Räder durch den Sand. Otjim geht neben dem Karren

her. »Mach's gut. Ich
werde dich vermissen.«
Xania versucht zu lächeln,
doch es gelingt ihr nicht.
»Es wird dir bei Tante
Nineis gefallen«, beruhigt sie der Vater.
»Meinst du?« Xania ist skeptisch. Sie kann sich
nicht vorstellen, dass sie in der großen Stadt so gute
Freunde finden wird wie in Bukalo.
»Du kannst viel lernen und wirst mit Nineis' Kindern bestimmt Spaß haben«, sagt der Vater, als sie
am Kiaat vorbeikommen. Xania muss daran denken, wie oft sie schon auf dem Baum herumgeklet-
tert sind, sie und ihre Freunde. Wie sie sich Schlach-
ten mit den Früchten geliefert haben. Das ist jetzt
erst einmal vorbei.
Stunde um Stunde vergeht. Mit der Zeit werden die
Fahrspuren im Sand breiter und die Piste wird fester. Auf der Pad, so werden Straßen in Namibia ge-
nannt, ist jetzt wesentlich mehr los. Immer wieder
wird der Eselkarren von Autos überholt. Frauen, die
Feuerholz auf ihren Köpfen balancieren, gehen am
Rand der Pad. Männer ziehen Handkarren hinter
sich her. Alle Leute haben eine schwarze Haut.
Xania bleibt vor Staunen der Mund offen stehen: So
viele Menschen – und alle sind so beschäftigt.
Der Vater lenkt den Karren nach rechts, weg von der

Hauptpad. Hier gibt es Hütten, wie Xania sie noch nie gesehen hat. Sie sind so groß wie ihre Hütten in Bukalo, aber nicht aus Stroh. Sie sehen silbrig aus und wenn die Sonne auf sie scheint, glänzen sie ein bisschen. »Das ist Wellblech«, erklärt der Vater, der Xanias Verwunderung bemerkt. »Die Leute in der Stadt haben keine Strohhütten.«

Der Karren hält. »Wir sind da.« Und schon liegen sich Vater und Nineis in den Armen.

»Herzlich willkommen!«, ruft die Tante fröhlich. Sofort werden sie in die Hütte bugsiert. Drinnen ist es heiß, viel heißer als in der Strohhütte daheim. Aber sonst sieht es genau gleich aus wie in Bukalo: zwei Betten, eine Kommode für Kleider und Geschirr. Auf der anderen Seite ein kleines Feuer, darauf steht ein Topf mit Millipapp.

Xania schwitzt wie die Fremden, die nach Bukalo kommen. »Warum sind eure Hütten nicht aus Stroh?«, platzt sie neugierig heraus.

»Das ist Fortschritt«, erklärt die Tante. »Wenn es regnet, werden wir nicht nass. Außerdem gibt es in der Stadt nicht so viel Stroh wie in Bukalo.«

Wann regnet es hier schon? denkt Xania.

»Hallo, du bist bestimmt Xania.« Ein Junge steht vor ihr und mustert sie. Xania nickt.

»Das ist Josef, mein ältester Sohn«, stellt ihn die Tante vor.

»Ich bin acht und heiße Omuti«, sagt ein Mädchen und lächelt. »Freust du dich auf die Schule?«

Xania zuckt mit den Schultern. Sie hat keine Ahnung, aber das Mädchen mit dem freundlichen Lächeln gefällt ihr.

»Embo und Azikuti sind noch bei Freunden. Sie kommen später. Wir Kinder schlafen alle in dem großen Bett da drüben, du jetzt auch. Nur Josef hat ein eigenes Bett«, erklärt Omuti.

Xania nickt wieder. Sie ist es gewohnt mit ihren Schwestern in einem Bett zu schlafen. Von heute ab werden Josef, Omuti, Embo und Azikuti so etwas wie ihre Geschwister sein.

»Morgen zeige ich dir die Stadt und übermorgen geht die Schule los«, macht Omuti Pläne.

»Es gibt noch ein Problem«, hört sie ihren Vater sagen. »Wir haben keine Schuluniform für Xania.«

»Das macht nichts. Sie kann die alte von Omuti haben. Ihr ist die Uniform zu klein.«

In Namibia tragen alle Schüler einer Schule die

gleiche Kleidung, damit es keine Unterschiede zwischen Arm und Reich gibt. Aber das interessiert Xania im Moment überhaupt nicht. Die lange Fahrt, die vielen Menschen, die neuen Eindrücke und die Hitze in der Wellblechhütte – das war viel für sie. Völlig erschöpft schläft sie ein.

Nach dem Frühstück muss sich Xania von ihrem Vater verabschieden. Auch ihm fällt der Abschied schwer. Er drückt sie fest an sich. »Bis bald, meine Kleine. Pass gut auf dich auf«, sagt er und gibt ihr einen Kuss auf die Stirn.
Schon sitzt er auf dem Eselkarren und zuckelt zurück nach Bukalo.
Bevor Xania die Tränen kommen, zupft Omuti sie am Arm. »Auf geht's, nach Katima!«

Xania kommt aus dem Staunen nicht mehr heraus. Sie hat noch nie geteerte Straßen gesehen. Und dann der Supermarkt …
»Ein ganzes Haus voller Essen!«, ruft sie erstaunt und schaut fassungslos an den Regalen hoch.
Aus einer riesigen Truhe kommt eisige Kälte. »Das ist eine Gefriertruhe«, erklärt Omuti. »Das Essen da drin ist eisig und hart wie Stein.«
Xania ist verblüfft. »Wie soll man es dann essen?«
»Na, das muss erst auftauen, dann wird's gekocht.«

In Katima gibt es viele Steinhäuser mit Fenstern aus Glas. Die meisten Häuser haben einen Garten. Dort wachsen Zitronen und Orangen auf den Bäumen und Blumen leuchten in unzähligen Farben. Neben den Steinhäusern gibt es blaue Löcher, die mit Wasser gefüllt sind. »Swimmingpools«, erklärt Omuti. »Warst du schon mal in so einem Swimmingpool?«, will Xania wissen.

Omuti schüttelt den Kopf. »So was haben fast nur die Weißen. Aber der Kavango fließt durch die Stadt. Da gehen wir zum Baden hin.«

Xania hat noch nie den großen Fluss Kavango gesehen. Sie hat überhaupt noch keinen Fluss gesehen. Dort, wo sie herkommt, gibt es keinen. Nur ein paar Schlammlöcher gibt es. Die Männer graben immer wieder neue Löcher, die als Brunnen dienen. Wasser ist in Bukalo kostbar. In Katima Mulilo gibt es viel Wasser. Die Gärten der Steinhäuser werden jeden Tag begossen.

Bei ihrem Stadtbummel landen die beiden Mädchen auch auf dem Markt. Xania ist ganz aufgeregt: So viele Menschen, Stimmen, Gerüche, so ein Durcheinander. Omuti nimmt sie bei der Hand. Zuerst schlendern sie über den Kleidermarkt. Auf großen Plastikplanen liegen alle Kleidungsstücke durcheinander. Die Kleider sind bereits getragen. Für neue haben die meisten Schwarzen kein Geld.

Gleich um die Ecke ist der Lebensmittelmarkt. In blauen und roten Schüsseln liegen Rindfleischstücke in der Sonne. Fliegen machen es sich darauf bequem. Das stört niemanden. Mit einer lässigen Handbewegung versucht eine Frau die Fliegen zu verscheuchen, aber sie kommen sofort wieder. Darum gibt sie schnell auf. An einer Ecke verkauft eine schwarze Marktfrau lauwarme Suppe. Für etwas Geld kann man eine Tasse in den großen Topf tauchen und die Suppe schlürfen.

»Jetzt zeige ich dir die Schule«, sagt Omuti.

Gleich darauf stehen sie vor einem großen Steinhaus – zwei Treppen führen zu der breiten Tür. Es müssen unheimlich viele Räume darin sein. Xania ist neugierig auf morgen – dann wird sie in das große Haus hineingehen.

Der Tag war aufregend für das Mädchen aus Bukalo. Sie ist müde. Vor dem Einschlafen denkt Xania an daheim, an ihre Familie und an Otjim. Sie hat

Heimweh. Das Leben hier ist ganz anders, denkt sie. Daheim gefällt es mir besser. Es gibt zwar keine Swimmingpools und Gefriertruhen, dafür haben alle immer Zeit für ein Schwätzchen. Man kennt sich und abends trifft man sich vor dem Feuer der alten Namutoni, die wundervolle Geschichten erzählt.

Am nächsten Morgen zwängt sich Xania in Omutis alte Schuluniform. Der blaue Faltenrock ist zu kurz und etwas zu eng. Xania hält die Luft an, doch beim Ausatmen reißt der Knopf ab und fällt zu Boden. »Das fängt ja gut an«, murmelt sie. Irgendwie knotet und wurstelt sie den Rock so mit der weißen Bluse zusammen, dass er hält. »Ich muss eben immer den blauen Pullover anbehalten, damit niemand sieht, dass der Rock nicht passt«, sagt sie zur Tante.
Auf dem Schulweg drücken die Schuhe und Xania konzentriert sich darauf, den Rock nicht zu verlieren. Dann betritt sie das Steinhaus.
»Hier ist dein Klassenzimmer. Da musst du rein«, sagt Omuti. »Wir sehen uns später.«
Xania steht an der Tür. Das Zimmer ist hell. Es stehen viele Tische und Stühle darin und vorne ein großes Pult vor einer Tafel. Auf den meisten Stühlen sitzt bereits jemand.

Ein Mädchen nickt ihr freundlich zu und deutet auf den freien Platz neben sich. Aber Xania traut sich nicht sich neben das Mädchen zu setzen. Sie hat eine helle Haut und Xania war noch nie so nah bei einer Weißen. Doch das Mädchen winkt Xania zu. »Du kannst dich neben mich setzen. Ich heiße Sally und bin erst seit einer Woche in Katima Mulilo. Meine Eltern arbeiten im Krankenhaus.«

»Ich heiße Xania und komme aus Bukalo. Ich wohne hier bei meiner Tante.«

Xania ist froh, dass Sally so nett ist. Verstohlen mustert sie ihre Nebensitzerin, die etwas kleiner ist als Xania, mit grünen Augen und kurzem Haar in einer Farbe, die Xania noch nie bei einem Menschen gesehen hat.

Sallys Haar ist rot und sie hat viele kleine Punkte im Gesicht. Wenn sie die Nase kräuselt, ziehen sich die Punkte zusammen. Das sieht lustig aus.

Dann kommt die Lehrerin, eine weiße Frau in einem bunten Sommerkleid. Auch sie lächelt freundlich. »Guten Morgen, Kinder. Ich bin Frau Huns. Ich hoffe, dass wir uns gut verstehen werden.« Sie liest die Namen der Schüler vor, die auf einer Liste stehen. Wer aufgerufen wird, steht auf.

In der Pause trifft Xania Omuti auf dem Schulhof. »Na, wie gefällt es dir?«, will Omuti wissen.

»Nicht schlecht«, antwortet Xania.

Da kommen zwei große weiße Jungen auf sie zu.
»Was macht ihr Kaffer denn hier? Kaffer sollen
arbeiten, nicht lernen. Los, verpisst euch!« Sie spu-
cken den Mädchen vor die Füße.
Xania ist geschockt, ihre Hände zittern vor Aufregung. »Warum machen die das?«
»Weil sie dumm sind«, sagt Sally, die gerade dazu-
gekommen ist. »Die Typen meinen, dass sie was
Besseres sind. Und dabei sind sie nur blöd.«

In der nächsten Stunde fällt es Xania schwer aufzu-
passen. Sie versteht nicht, warum die Jungen so gemein waren. »Ich habe ihnen doch nichts getan.«
»Was hast du gesagt, Xania?«, fragt Frau Huns.
Xania zuckt zusammen. Sie hat gar nicht bemerkt,
dass sie laut geredet hat. »Äh, nichts«, murmelt sie.

Daheim bei Tante Nineis platzt Xania gleich mit der
Geschichte von den weißen Jungen heraus. »Warum machen die das?«, will sie noch einmal wissen.

»Das kommt von früher«, versucht die Tante zu erklären. »Lange, lange bevor wir auf die Welt kamen, gab es nur schwarze Menschen in Afrika. Sie lebten von der Jagd und zogen mit ihren Familien durchs Land. Sie machten sich ein Lager für die Nacht und zogen am nächsten oder übernächsten Tag weiter. Sie kannten fast keinen Besitz, außer ein paar Habseligkeiten, die sie zum Leben brauchten. Dann kamen Weiße über das große Wasser und entdeckten, dass Afrika viele Rohstoffe besitzt. Die weißen Männer brachten Alkohol mit und gaben ihn den Schwarzen. Die wurden davon betrunken und wussten oft nicht mehr, was sie taten. Im Laufe der Zeit vergaßen sie ihre ursprüngliche Art zu leben. Die Weißen teilten das Land auf, das meiste gehörte plötzlich ihnen. Früher gehörte es niemandem, aber jetzt gab es überall Zäune, sodass die Sippen nicht mehr umherziehen konnten. Die Schwarzen wohnten auf den Farmen der Weißen, mussten für sie arbeiten und bekamen fast keinen Lohn dafür. Die Kinder durften nicht zur Schule. Ein Schwarzer sollte nur arbeiten und nichts wissen oder lernen. Die meisten Weißen dachten, sie wären bessere Menschen als die Schwarzen. Und das denken diese Jungen, die so gemein waren, immer noch.«

So eine lange Erklärung! Xania hat sich bemüht gut zuzuhören, trotzdem versteht sie es nicht ganz.

»Aber wir Schwarzen gehen doch heutzutage auch zur Schule.«

»Das stimmt«, antwortet Nineis, »doch viele Weiße wollen immer noch nicht wahrhaben, dass wir Schwarzen die gleichen Rechte haben wie sie. Deshalb behandeln sie uns manchmal schlecht. Außerdem haben sie Angst, dass wir zu stark werden. Denn von uns Schwarzen gibt es in Namibia viel mehr als von den Weißen.«

»Aber so wie die beiden Jungen sind nicht alle Weißen.« Xania denkt an Sally.

»Das stimmt. Zum Glück«, räumt die Tante ein.

Am nächsten Tag gefällt es Xania gut in der Schule. In der Pause schlendert sie mit Sally über den Schulhof. Die Jungen lassen sie in Ruhe.

»Hast du Lust heute Mittag zu mir zu kommen?«, fragt Sally. »Mir ist oft langweilig. Ich habe keine Geschwister und meine Eltern arbeiten den ganzen Tag im Krankenhaus. Und sonst ist nur noch die Nelele da. Sie kocht das Essen und macht den Haushalt, aber mit Nelele kann ich nicht spielen.«

Xania ist begeistert. »O ja, ich komme gern.« Sie ist ganz aufgeregt, schließlich war sie noch nie im Haus einer weißen Familie.

»Bring deinen Badeanzug mit, dann können wir im Pool schwimmen«, schlägt Sally vor.

»Ich habe keinen Badeanzug. Und schwimmen kann ich auch nicht«, gesteht Xania. »Dort, wo ich herkomme, gibt es nur ganz wenig Wasser. Es reicht gerade mal zum Trinken, Waschen, Putzen und für die Tiere.«

»Echt?« Sally ist baff. »Das musst du mir genauer erzählen.« Und schnell fügt sie hinzu: »Das mit dem Badeanzug ist kein Problem, du kannst von mir einen haben.«

Xanias Herz schlägt wie verrückt, als sie am Nachmittag vor dem großen Steinhaus steht, in dem Sally mit ihren Eltern wohnt. Das Haus ist weiß gestrichen, es hat ein rotes Dach und viele Fenster. Vor jedem Fenster sind Gitter. Rund ums Haus wächst ein kurz geschorener grüner Rasen. Xania staunt nicht schlecht. Wie das Gras hier so üppig wachsen kann, wo es doch so selten regnet? fragt sie sich. Da entdeckt sie ein Gerät, aus dem Wasser auf den Rasen rieselt. »Das ist also das Geheimnis!«
Xania wirft einen Blick auf die Mauer, die das ganze Haus umgibt. Und als sie klingelt, rast sofort ein furchterregendes schwarzes Ungeheuer bellend und knurrend auf sie zu. Xania erschrickt fürchterlich. Automatisch rennt sie ein paar Schritte zurück, aber der riesige Hund folgt ihr nicht. Er bleibt bellend hinter der Mauer stehen.

Zum Glück kommt Sally zum Tor. »Bert, bell doch nicht so!«, ruft sie dem schwarzen Hund zu. »Hallo, Xania, komm rein! Hat Bert dich erschreckt?«

»Und wie!«, gibt Xania zu.

»Eigentlich ist er ganz lieb«, versichert Sally und streichelt den großen Kopf des Rottweilers. Der hört sofort auf zu knurren. »Streichel ihn mal, damit ihr euch kennen lernt.«

Xania folgt der Aufforderung nur zögernd. Daheim in Bukalo sind die Hunde viel kleiner. Langsam streckt sie die Hand aus und berührt das kurze Fell des Hundes. Es fühlt sich weich an.

»Er mag dich«, urteilt Sally fachmännisch.

Xania verliert die Furcht. Sie schaut sich um und entdeckt, dass Sally barfuß ist.

»Warum starrst du auf meine Füße?«, fragt Sally.

»Du bist die erste Weiße, die ich barfuß im Gras gehen sehe, ohne dass sie laut schreit«, erklärt Xania und erzählt von den Touristen, die nach Bukalo kommen, und von den Piekers.

»Da würde ich auch schreien«, gibt Sally zu. »Das muss ja weh tun. Und dir macht das nichts aus?«

»Nein, keiner bei uns im Dorf trägt Schuhe. Wir sind die Piekers gewohnt.«

Als Xania ein paar Schritte auf dem grünen Rasen geht, versteht sie, warum Sally barfuß darauf herumtollen kann. »Weich wie Watte«, sagt sie. Xania lässt sich ins Gras fallen, streichelt es und atmet den Geruch ein. »Mensch, ist das schön!« Die Mädchen tollen durch den Garten, und schwupps, schon hängt Xania mit einem Fuß im Wasser.

»Hilfe, was ist das?«, ruft sie.

Sally muss lachen. »Das ist nur der Pool.« Schon hüpft sie hinein. »Juhu, es ist herrlich! Los, komm!« Doch so schnell geht das bei Xania nicht. »So viel Wasser. Ist das auch zum Waschen, Trinken, Kochen und für die Tiere?«

»Nö, das ist nur zum Baden. Waschen und kochen tun wir im Haus und Tiere haben wir keine – außer Bert. Jetzt komm schon«, drängt Sally, die neugierig ist, wie es Xania im Wasser gefällt.

Xania zieht sich aus bis auf die Unterhose, mehr hat Sally auch nicht an. Ganz vorsichtig setzt sie sich an den Beckenrand und streckt den Fuß hinein.

»Spring ruhig rein, es ist nicht tief. Du kannst stehen«, versichert Sally.

Xania stützt sich ab und gleitet langsam in das klare Wasser. Daheim in den Schlammlöchern kann sie ihre Zehen nicht sehen. Hier im Pool kann sie beobachten, wie sie sich von der blauen Farbe abheben.

»Schön«, sagt sie nur. Dann hält sie die Luft an, taucht unter und lauscht auf die Geräusche, die von außen ins Wasser dringen. Leise hört sie Bert bellen. Plötzlich sieht sie Sallys Gesicht vor sich. Beide

winken sich zu und müssen lachen. Hustend taucht
Xania auf und schon beginnt die Wasserschlacht.
Die Mädchen spritzen und planschen und Bert
rennt, vor Freude bellend, um den Pool.
Irgendwann haben beide blaue Lippen und genug
vom Baden. »Ach, ist das herrlich!«, juchzt Xania
und wirft sich ins Gras. Sally legt sich neben sie.
»Kennst du ‚Wolkenraten'?«, fragt Xania die Freundin. »Das spielen wir in Bukalo. Schau dir die Wolke an, die da kommt. Ich finde, sie sieht aus wie ein
Hund. Ja, sie sieht aus wie Bert.«

»I wo, Bert ist viel schöner«, behauptet Sally. »Die Wolke sieht doch aus wie ein Wildschwein.«

»Jetzt! Jetzt sieht sie aus wie eine Giraffe!«, ruft Xania. So geht es weiter. Die beiden Mädchen liegen im weichen Gras und schauen den Wolken zu. Die Sonne wärmt und macht sie schläfrig. Nach sieben Wolkenbildern sind sie eingeschlafen.

»Hallo, niemand daheim?«

Xania und Sally reiben sich die Augen.

»Hallo, hier sind wir!«, ruft Sally zurück. »Das sind meine Eltern«, erklärt sie Xania. »Hallo, Mami! Hallo, Papi! Das ist Xania, sie hat heute zum ersten Mal im Pool gebadet.«

»Sally hat uns schon viel von dir erzählt. Hat es dir im Pool gefallen?«

Xania weiß gar nicht, was sie zuerst sagen soll. »Ja, hallo«, stammelt sie. Da fangen alle an zu lachen.

»Möchtest du zum Abendessen hier bleiben?«, fragt Sallys Vater.

»Oh, ist es schon so spät? Nein, dann muss ich ganz schnell nach Hause.« Hastig zieht Xania ihre Kleider an und läuft los. Am Gartentor dreht sie sich noch einmal um. »Tschüs, bis morgen!«

»Tschüs, bis morgen!« ruft Sally zurück.

Die Eltern haben den Arm um ihre Tochter gelegt. Alle drei winken. Wie die kleine Familie so da steht, das versetzt Xania einen Stich. Plötzlich hat sie entsetzliches Heimweh nach ihren Eltern und den Geschwistern. Xania muss weinen. Heulend rennt sie die Straße hinunter. Völlig außer Atem kommt sie an Tante Nineis' Wellblechhütte an.

»Da ist sie!«, ruft Josef.

»Gott sei Dank!« Die Tante seufzt und bekreuzigt sich. »Xania, wir haben uns solche Sorgen gemacht. Ich hatte keine Ahnung, wo du sein könntest. Du darfst nicht einfach weggehen. Das ist zu gefährlich. Katima ist eine große Stadt.«

»Wo warst du überhaupt?«, will Josef wissen. Seit sein Vater tot ist, meint der Fünfzehnjährige, er sei der Herr im Haus.

»Ich war bei Sally, wir haben im Pool gebadet …«

Schon knallt eine Ohrfeige auf Xanias Wange. »Du bist immer mit der Weißen zusammen! Das ist nicht gut für dich! Die Weißen lügen!«, brüllt Josef.

Xanias Wange schmerzt, Tränen kullern ihr übers Gesicht. »Sally lügt nicht, sie ist meine Freundin.«

»Du brauchst schwarze Freunde, damit du lernst, wie das Leben wirklich ist.« Josef ist wütend. »Du wirst dich nicht mehr mit der Weißen treffen.«

Da muss Xania noch mehr weinen. Sie schaut zu ihrer Tante, doch die zuckt nur mit den Schultern. Ihr Sohn bestimmt längst, was gemacht wird, und Josef hasst die Weißen. Er würde sie am liebsten aus der

Stadt, aus ganz Namibia, besser noch aus ganz Afrika verjagen. Die Weißen besitzen in Afrika alles, die Schwarzen nichts, sagt er immer. »Das muss anders werden«, lautet sein Motto und das seiner Freunde. Tante Nineis weiß, dass ihr Ältester die Weißen bestiehlt, die Reifen ihrer Autos aufschlitzt und Gerüchte in die Welt setzt. Aber sie traut sich nichts dagegen zu sagen. Josef verdient mit seinen Jobs das meiste Geld für die Familie.

Xania kann nicht aufhören zu weinen. Sie ist so traurig. Einerseits will sie der Tante keine Schwierigkeiten machen, andererseits will sie ihre Freundin nicht verlieren.

»Ich werde dafür sorgen, dass du mit schwarzen Mädchen zusammen bist«, fährt Josef mit seiner Standpauke fort. »Und ich kenne genug Leute, die mir gern erzählen, mit wem du dich herumtreibst. Hast du verstanden?«

Xania nickt, aber sie fühlt sich schrecklich ungerecht behandelt. Darum fasst sie einen mutigen Entschluss: Sie will weiterhin mit Sally befreundet sein, ob es Josef passt oder nicht. Wenn sie sich in Sallys Garten hinter der Mauer treffen, kann niemand sie beobachten. Xania weiß, dass sie höllisch aufpassen muss, um auf dem Weg dorthin nicht von Josefs Freunden gesehen zu werden. Aber sie will es auf jeden Fall versuchen.

Während Frau Huns eine Rechenaufgabe stellt, flüstert Xania Sally zu: »Ich kann in der Pause nicht mit dir über den Schulhof spazieren, aber ich würde gern heute Nachmittag zu dir kommen und …« Mehr kann sie nicht sagen, denn schon hat sie einen strengen Blick von Frau Huns kassiert. Sally nickt nur, als ahne sie, dass etwas nicht in Ordnung ist.

Am Nachmittag legt sich Tante Nineis immer zu einem Schläfchen hin. Xania nutzt die Gelegenheit und schleicht davon. An jeder Ecke schaut sie sich um, ob nicht einer von Josefs Freunden zu sehen ist, doch sie hat Glück: In der Mittagshitze geht nur auf die Straße, wer unbedingt muss.

Sally erwartet sie schon und zieht wortlos das Tor hinter Xania zu. »Was ist denn los?«

»Josef will nicht, dass ich mit dir befreundet bin«, presst Xania hervor.

Diesmal muss sie nicht vor Traurigkeit, sondern aus Zorn weinen. Die Mädchen halten sich an den Händen und überlegen, was sie machen können.

»Ich hab's!«, ruft Sally aufgeregt. »Du bleibst einfach hier. Es gibt genug Platz zum Verstecken, meine Eltern werden es nicht erfahren. Ich bringe dir zu essen und erzähle dir, was wir in der Schule gemacht haben. Und Bert beschützt dich.«

»Und Nelele?«, fragt Xania skeptisch. »Was ist, wenn die mich entdeckt?«

»Keine Sorge, Nelele ist fast nur in der Küche. Und sie kommt nur für ein paar Stunden am Tag. Kurz bevor ich aus der Schule komme.«

Xania gefällt die Idee. Nur Sally würde wissen, wo sie ist, und der blöde Josef würde sich mächtig Sorgen machen. Aber was ist mit der Tante? Sie ist doch nett und sie hat die Verantwortung für Xania übernommen.

»Hat deine Tante dir gestern geholfen, als Josef so getobt hat?«, fragt Sally, als ob sie Xanias Gedanken erraten hätte. Sie hat recht.

»Deine Idee ist gut, Sally. Nur darf niemand davon erfahren«, meint Xania nachdrücklich.

»Das ist doch klar«, erwidert Sally.

Der Plan der Mädchen ist, dass Xania sich so lange versteckt hält, bis Josef und die Tante heilfroh sind, wenn sie wieder auftaucht. Dann sehen die beiden, wie ernst es Xania und Sally mit ihrer Freundschaft ist. Die Mädchen machen sich auf die Suche nach einem geeigneten Unterschlupf.

Sally überlegt. »Die Kammer, in der das Schlauchboot und meine alten Spielsachen aufbewahrt werden – da geht nie jemand rein.«

In dem Zimmer sieht es chaotisch aus. Alles liegt durcheinander und eine Staubschicht hat sich über allem breit gemacht. Aber durch ein kleines Fenster fällt genügend Licht ins Zimmer.

»Das gefällt mir!«, ruft Xania begeistert. »Wenn wir das Boot aufpumpen, kann ich darin schlafen.« So ein Schlauchboot hat sie vor ein paar Tagen zum ersten Mal gesehen, als einige Weiße auf dem Fluss gepaddelt sind. Und jetzt soll so ein mit Luft gefülltes Boot für die nächste Zeit ihre Zuflucht sein. Herrlich! Auch sonst liegt allerhand in dem Zimmer herum: ein Campingtisch und Stühle, Bücher, eine verstaubte Marionette, mehrere Plastikeimer, eine alte Gießkanne und zwei Koffer, die bis obenhin mit alten Kleidern voll sind.

»Hier entdeckt dich niemand«, meint Sally.

Gemeinsam suchen sie nach einer Luftpumpe.

Abends liegt Xania im Schlauchboot und denkt an ihre Eltern, an Otjim und alle Dorfbewohner von Bukalo. Wie gern würde sie Sally alles zeigen, mit ihr auf den Kiaat klettern, in einem Schlammloch

baden und der alten Namutoni zuhören, wenn sie ihre Geschichten erzählt.

Sie hört, wie Sallys Eltern zu Bett gehen. Kurz darauf kommen Schritte auf ihre Tür zu. Sie wird unruhig. Vielleicht will Sallys Mutter ein Buch aus dem Zimmer holen? Dann wird sie entdeckt und muss zurück zur Tante. Und Josef wird sie sicherlich verprügeln. Die Tür geht auf – Sally schlüpft herein. Xania atmet erleichtert auf.

»Na, wie geht es dir in deinem Boot? Ich habe dir etwas zu essen mitgebracht: Brot, kaltes Huhn, Tomaten und ein Stück Schokolade. Es gab leider nichts Besonderes«, meint Sally entschuldigend.

Nichts Besonderes? Für Xania, die fast nur Millipapp kennt, ist es ein Festschmaus. »Es ist toll hier«, meint sie, während sie einen Hähnchenschenkel abnagt. »Aber wenn man mich entdeckt?«

»Du brauchst keine Angst zu haben, meine Eltern ahnen nichts«, beruhigt Sally die Freundin. »Ich schau' morgen früh wieder rein. Schlaf gut!«

Xania ist jetzt schon drei Tage bei Sally. Morgens wird sie wach, wenn die Familie beim Frühstück sitzt. Kurz danach kommt Sally mit einer Tasse Milch, mit Müsli oder Toastbrot. Dann geht sie zur Schule, während Xania in den Koffern stöbert und sich mit den alten Kleidern verkleidet. Sie spielt mit

Bert und macht Hausaufgaben, denn in der Schule will sie nichts versäumen. Wenn Nelele kommt, liegt Xania meistens im Schlauchboot und versucht zu lesen. Den Nachmittag verbringen die Freundinnen zusammen.

Am dritten Tag kommt Sally mit einer Neuigkeit nach Hause: »Xania, sie suchen dich überall. Josef hat mich gefragt, ob ich weiß, wo du bist. Ich habe natürlich nichts gesagt.« Und dann erzählt Sally die größte Neuigkeit: »Ich habe gehört, dass dein Vater nach Katima kommt.«

Xania weiß nicht, ob sie sich freuen soll oder nicht. Wie sehr hat sie sich gewünscht ihre Eltern wieder in die Arme zu schließen! Aber dass ihr Vater kommt, weil er sich Sorgen um sie macht, das gefällt ihr überhaupt nicht.

»Sally, was soll ich jetzt tun? Ich möchte meinen Vater sehen, zur Tante will ich aber nicht zurück. Und außerdem habe ich Angst vor Josef.«

»Das kann ich mir denken«, meint Sally.

Wieder einmal überlegen die Mädchen. Und wie beim letzten Mal halten sie sich an den Händen.

»Vielleicht kannst du herausbekommen, wann mein Vater kommt?«, überlegt Xania. »Dann sagst du ihm, wo ich bin, damit er sich mit mir treffen kann. Und dann erzähle ich ihm alles.«

»Das ist gut«, meint Sally. »Vielleicht sagt er dem

Josef gleich, was für ein Holzkopf er ist. Wahrscheinlich kommt dein Vater morgen nach Katima.«
Xania bekommt feuchte Hände. »Morgen schon? Ich kann morgen schon meinen Vater sehen?«
In der Nacht kann Xania zum ersten Mal nicht richtig schlafen. Immer wieder malt sie sich aus, wie das Treffen mit ihrem Vater ablaufen wird.
Am nächsten Tag kann sie es kaum erwarten, dass Sally von der Schule kommt. Wo bleibt sie denn? Xania wird nervös. Hoffentlich ist Sally nichts zugestoßen.
Plötzlich bellt Bert wie verrückt. Da muss jemand am Tor sein. Schon hört Xania Sallys Stimme. »Aus, Bert, das ist ein Freund!«
Vorsichtig schaut sie aus dem Fenster. »Das ist ja …«
Sie rennt los und Sekunden später liegen sich Vater und Tochter in den Armen. »Xania, geht es dir gut?«
Sie nickt und der Vater ist erst einmal zufrieden. Immer wieder drückt er sie fest an sich.
Erst später erzählt Xania, was sich zugetragen hat, und der Vater ist entsetzt über Josef.
Als Sallys Eltern von der Arbeit zurückkommen, wissen sie zuerst nicht, was sie sagen sollen. Da sitzt ein fremder schwarzer Mann mit Xania und Sally in ihrem Wohnzimmer.
»Was geht hier vor?«, fragt Sallys Vater barsch. »Wie kommen Sie in unser Haus?«

Der Mann erhebt sich. »Entschuldigen Sie! Ich bin Xanias Vater und habe mir schreckliche Sorgen um meine Tochter gemacht. Das Einzige, was man mir gesagt hat, war, dass sie verschwunden sei.«

»Ich verstehe überhaupt nichts«, sagt Sallys Vater immer noch in strengem Ton.

Sally erklärt ihren Eltern alles und keiner der Erwachsenen schimpft. Im Grunde sind alle drei ein bisschen stolz auf ihre Töchter.

»Papa, wird Josef mich nicht verprügeln, wenn ich wieder zur Tante gehe?«, fragt Xania ängstlich.

»Ich werde dafür sorgen, dass er es nicht tut«, verspricht der Vater.

»Ich habe aber trotzdem Angst«, meint Xania leise.

Sallys Mutter unterbricht die beiden. »Wenn Xania sich so sehr vor Josef fürchtet, wäre es dann nicht besser, wenn sie anderswo wohnen würde?«

»Genau. Bei uns«, platzt Sally dazwischen. »Xania und ich sind sowieso immer zusammen, in der Schule und am Nachmittag. Da kann sie doch auch bei uns übernachten.«

Xanias Vater schüttelt den Kopf. »Nein, das geht nicht. Wir leben in zwei verschiedenen Welten. Wir sind arm. Sie sind reich.«

»Also, ich hätte nichts dagegen, wenn Xania hier wohnen würde«, überlegt Sallys Vater. »Mir wäre es recht, wenn Sally ein Freundin um sich hätte, während wir beim Arbeiten sind.«

»Das wäre toll, Papa, bitte«, fleht Xania.

»Ich weiß nicht so recht ...«

»Xania würde bestimmt auch hier viel lernen«, versichert Sallys Mutter.

»Das glaube ich schon«, antwortet Xanias Vater. »Aber ich fürchte, dass sie viel zu viel lernen würde. Wahrscheinlich würde es ihr in Bukalo gar nicht mehr gefallen.«

»Das glaube ich nicht. Xania erzählt so viel von ihrem Dorf und den Leuten, vom Kiaat und den Schlammlöchern. Ich hab' schon richtig Lust bekommen, selbst dorthin zu gehen«, gibt Sally zu.

»Ja, wir könnten dann in den Ferien zusammen nach Bukalo kommen!«, ruft Xania begeistert.

»Ich muss erst mal mit Nineis darüber sprechen«, bremst ihr Vater die Begeisterung.

Aber er zwinkert seiner Tochter verschwörerisch zu.

Sie kennt diesen Blick und lächelt.

Keine Stühle in der Schule

Heute muss ich Vater fragen,
ist Wenhus erster Gedanke,
als er wach wird. Er räkelt sich
im Kang, in dem er mit seinen
Eltern und seiner Schwester
Li schläft. Das Kang ist
ein großes Bett, das mit
Backsteinen geheizt wird,
die zuvor am Feuer heiß gemacht werden.
Es ist der einzige Platz in der kleinen Hütte, wo es
gemütlich warm ist. Wenhu reibt sich die Augen.
Ich muss endlich wissen, ob ich nächstes Jahr wieder in die Schule darf. Wenhus Vater muss Geld
bezahlen, wenn sein Sohn zur Schule geht. Sieben
Mark kostet die Schule für ein halbes Jahr, das sind
35 Yuan. Für eine europäische Familie wäre das ein
Klacks, aber nicht für Wenhus Eltern. Sie leben als
arme Bauern in den Bergen und 35 Yuan sind für die
Familie viel Geld. Der Zehnjährige weiß: Die
Chancen stehen schlecht, dass er wieder zur Schule
gehen kann. Es ist nämlich kein Geld da.
Eigentlich müssten in China alle Kinder zur Schule
gehen. So steht es im Gesetz, so will es die Regierung. Trotzdem gibt es – gerade in den Bergen – viele Kinder, die keinen Unterricht bekommen, weil

ihre Familien einfach nicht genug Geld haben um die Schulkosten zu bezahlen. Daran haben die Leute, die die Gesetze gemacht haben, nicht gedacht.

Es ist noch früh, vor sechs Uhr, aber Wenhu steht trotzdem auf. Ganz leise geht er vor die Tür. Die anderen liegen noch im Kang und schlafen. Li lächelt im Schlaf, als ob sie etwas Lustiges träumt. Draußen ist es kalt. Wenhu knöpft seine Jacke zu und schaut ins Tal hinunter. Dort, fast zehn Kilometer entfernt, liegt die kleine Dorfschule.

Nichts wünscht sich Wenhu sehnlicher als jeden Tag dort hinunterzugehen, in der Schule zu sitzen und der Lehrerin zuzuhören. Er möchte so viel wissen: wie die Leute in anderen Gegenden Chinas leben oder wie es in fernen Ländern aussieht. Er träumt davon, wo er überall hinfahren möchte. Amerika will er sehen und Afrika – wo es die schwarzen Menschen gibt.

Wenhus Hautfarbe ist weiß, aber sein Gesicht, seine Arme und Beine sind braun. Im Sommer hat Wenhu nämlich immer seine kurze graue Hose und das dunkelblaue Hemd mit den kurzen Ärmeln an. Manchmal friert er sehr, denn hier oben in den Bergen kann es auch im Sommer recht kalt sein. Aber außer dem Hemd und der Hose besitzt er nur noch eine lange, warme Hose und eine Jacke. Und die sind für den Winter da.

Wenhu hat pechschwarzes Haar, das meistens unter einer Mütze versteckt ist. Nicht etwa, weil sein Haar nicht schön wäre, aber die Mütze ist Wenhus Lieblingsstück. Die hat er von seinem Opa bekommen. Wenhu setzt sie nur ab, wenn er ins Bett geht. Sie liegt gleich neben dem Kang und morgens greift Wenhu als erstes nach ihr.

Allmählich kommt die Sonne hinter den Berggipfeln hervor. Schon wird es ein bisschen wärmer. Wenhu blickt immer noch hinunter zum Dorf. Natürlich muss er den Schulweg zu Fuß zurücklegen, jeden Tag. Aber das kennt er ja, es würde ihm nichts ausmachen.

Der Junge ist es gewohnt, über schmale Bergpässe zu klettern und steile Geröllhänge zu queren. Es führt keine Straße zu der Hütte, in der Wenhu lebt, nur ein schmaler Trampelpfad. Wenn es geregnet hat, steht der Matsch dort knöcheltief. Wenhu und seine Schwester Li haben Spaß daran barfuß durch den Matsch zu gehen. Es kitzelt so herrlich, wenn der Schlamm zwischen den Zehen hochquillt.

Wenhu ist in der kleinen Hütte geboren, hier in der Provinz Hebei, nur zweihundert Kilometer von der chinesischen Hauptstadt Peking entfernt. Doch Peking kennt der Junge nur aus Erzählungen in der Schule. So weit ist Wenhu noch nie von zu Hause weggewesen und seine Eltern auch nicht. Peking,

das ist eine andere Welt. Wenhu weiß, dass es in Peking Häuser mit zwanzig und mehr Stockwerken gibt, dass die Straßen breit und asphaltiert sind und Autos darauf fahren. Wenhu hat noch nie in einem Auto gesessen, aber er würde es schrecklich gern einmal tun. Genauso gern, wie er sich einmal Peking anschauen möchte, vor allem bei Nacht. Dann sollen dort überall Lichter leuchten, sogar in den riesengroßen Häusern, hat die Lehrerin gesagt. Da brennt nicht nur ein kleines Feuer wie in Wenhus Hütte, in der es keinen Strom gibt.

Das Dorf unten im Tal mit den zwanzig kleinen Häusern, das ist alles, was Wenhu kennt. Seine El-

tern waren noch nie verreist. Womit auch? Ein Auto besitzen in der Provinz Hebei nur ein paar ganz reiche Leute und der nächste Bahnhof ist über fünfzig Kilometer entfernt. Auch den Bus, der einmal in der Woche ins nächste Dorf fährt, kann sich die Familie Yang nicht leisten.

Wenhu seufzt und geht zurück in die Hütte. Die ist reichlich windschief, aber aus Steinen gebaut – nicht nur aus Stroh. Die Steine hat der Vater vor vielen Jahren gesammelt. Sie passen nicht genau aufeinander. Dort, wo Lücken entstanden sind, hat der Vater Lehm hineingeschmiert, damit der Wind nicht durchpfeifen kann. Trotzdem zieht es gewaltig durch die Ritzen, vor allem im Winter.

Die Hütte besteht aus nur einem Raum. Hinten in der Ecke steht das Kang, das große Bett. Auf der anderen Seite gibt es eine kleine Feuerstelle, den Herd. Dort brennt fast den ganzen Tag ein offenes Feuer, auf dem die Mutter das Essen kocht. In ei-

nem großen Zuber wird dort auch das Wasser zum
Waschen und Geschirrspülen warm gemacht. Eine
Wasserleitung wurde hier nie gelegt – Wasser holen
sich die Yangs aus dem kleinen Gebirgsbach, der
hinter der Hütte vorbeiplätschert. Neben der Feuerstelle steht ein niedriger Tisch, Stühle gibt es nicht.
Die Familie sitzt auf einem Teppich, der auf dem
harten Lehmboden liegt. Noch ein kleiner Schrank
für Geschirr und Kleider, das ist schon der gesamte
Besitz der Familie Yang.
Die Mutter ist inzwischen auch aufgestanden. Sie
reicht Wenhu eine Schüssel mit gesalzenem Wasser
und eingeweichtem Möhrenkraut. Das ist sein Frühstück. Wenhus Mutter weiß, was ihren Sohn be-
drückt. Gern möchte sie ihm helfen, aber sie weiß
auch: Es ist kein Geld da. Die Yangs bauen Mais
und Süßkartoffeln an. Der Ertrag der kleinen Felder,
die die Familie bewirtschaftet, reicht gerade zum

Sattwerden – und auch das nur mit knapper Not. Es ist sehr schwer, das Land auf den steilen Berghängen zu bearbeiten.

Auch Wenhus Vater ist aufgestanden. Jetzt, jetzt muss ich ihn fragen, denkt Wenhu und atmet tief durch. »Vater, darf ich dieses Jahr wieder zur Schule gehen?« fragt er mit zitternder Stimme. Sein Puls rast. Voller Spannung wartet er auf die Antwort.

Der Vater schüttelt traurig den Kopf. »Nein, Wenhu. Es ist kein Geld da«, sagt er nur.

»Aber Vater, letztes Jahr ging es doch auch. Bitte, bitte. Ich möchte lesen können und rechnen und schreiben. Ich möchte zur Schule gehen. Bitte.«

Wenhu weint verzweifelt, der Vater wendet sich ab. Er schämt sich. Er selber war nie in der Schule, er kann nicht einmal seinen Namen schreiben. Auch sein Vater hatte zu wenig Geld und damals hat er seinen Vater dafür gehasst. Jetzt ist er der Vater.

Zwei Nächte lang schläft Wenhus Vater kaum. Die ganze Zeit überlegt er hin und her, wie er die 35 Yuan für die Schule aufbringen könnte. Aber ihm fällt nichts ein. Im Dorfladen konnte man sich früher Geld leihen, doch dann hat einmal ein Bauer seine Schulden nicht zurückgezahlt. Herr Wang, der Ladenbesitzer, ist darüber so zornig geworden, dass er seither kein Geld mehr verleiht. Und eine Bank gibt es im Dorf nicht.

Letztes Jahr bekam der Vater das Schulgeld gerade
so zusammen. Damals war die Ernte besser und er
musste keinen Mais dazukaufen. Dieses Jahr hat er
sein letztes Geld für zwei Säcke Mais ausgegeben,
damit die Familie im Winter nicht hungert.

Die kleine Li, Wenhus Schwester, lässt die Ziege
der Familie Yang aus dem Bretterverschlag, in dem
das Tier nachts schläft. Wenhu schaut seiner Schwester nach, wie sie geschickt über die kantigen Steine
hüpft, immer der Ziege hinterher. Barfuß natürlich.
Ihre Schuhe tragen die Yangs nur im Winter, damit
die Sohlen nicht zu schnell abgelaufen werden.
Li hat lange schwarze Zöpfe. Sie ist erst sechs, arbeitet aber genauso im Haus und auf den kleinen
Feldern mit wie Wenhu, und das jeden Tag. Li weiß,
dass sie erst gar nicht fragen muss, ob sie zur Schule
darf. »Du bist ja nur ein Mädchen«, würde die Mutter sagen. »Mädchen heiraten sowieso eines Tages,
dann werden sie von ihren Männern versorgt. Wozu
soll ein Mädchen zur Schule gehen?«
So wie Lis Mutter denken nicht alle Frauen in China. Die meisten gehen arbeiten, damit die Familie
mehr Geld hat. Aber in dem kleinen Bergdorf ist das
nicht möglich. Hier gibt es keine Büros oder Fabri-
ken. Und in den Bauernfamilien müssen die Frauen
auf den Feldern mitarbeiten. Eine Fahrt in die Stadt,

um dort Arbeit zu suchen, kann sich fast niemand leisten. Also bleiben die meisten in ihren Dörfern, heiraten und leben genauso wie ihre Mütter.

Li will aber schreiben und rechnen können. Darum hat sie heimlich mit ihrem Bruder einen Pakt geschlossen: Wenhu zeigt ihr, was er in der Schule gelernt hat, dafür melkt Li einmal in der Woche die Ziege für ihn. Wenhu macht es Spaß, seine Schwester zu unterrichten. Er spielt gern den Lehrer und Li ist eine ausgezeichnete Schülerin.

Plötzlich entdeckt Wenhu einen Skorpion auf dem großen Stein neben sich. Das Tier sonnt sich. Es ist fast durchsichtig. Fasziniert starrt Wenhu den Skorpion an, der nicht größer ist als eine Eidechse. Mit seinen acht Beinen klettert das Tier gemächlich auf den nächsten Stein. Dabei wippt der Stachel am Schwanzende gefährlich. Wenhu weiß, dass das Gift eines Skorpions ein Kind töten kann. Trotzdem gefällt ihm das Tier mit den langen Scheren. Wäh-

rend er den Skorpion beobachtet, hat er eine Idee.
»Das ist es!«, ruft er. »Ich werde Skorpione fangen.«
Die Medizinfabrik unten im Tal kauft Skorpione, ist
ihm eingefallen. Von dem Geld könnte er die Schulkosten bezahlen. Wenhu ist begeistert von seiner
Idee. Sofort macht er sich ans Werk. Er sucht einen
alten Lederbeutel – hinterm Kang muss doch einer
liegen. Wo ist er nur? Ach da, ganz in der Ecke.
»Mama, ich gehe Skorpione sammeln!«, ruft er
noch schnell und schon geht es los.
Wenhu dreht Stein für Stein um, ganz gewissenhaft.
Aber es ist, als hätten sich alle Skorpione gegen ihn
verschworen. Gerade mal zwei sitzen unter den
Steinen. Wenhu muss sie so schnell packen, dass sie
keine Zeit zum Stechen haben. Schnell muss er sein
und trotzdem vorsichtig, denn seine Beute ist ge-
fährlich. Lebensgefährlich. Die beiden Tiere landen
im Beutel. Zwei Skorpione nach über einer Stunde
Suche, das ist eine magere Ausbeute.
Doch so schnell gibt Wenhu nicht auf.
Er sucht weiter.
Tag für Tag dreht
Wenhu jetzt
Steine um,
einen ganzen
Monat lang.
Eigentlich sollte er

seinem Vater helfen ein neues Feld anzulegen. Nun schleppt der Vater die Steine allein an den Rand des Abhangs und häuft sie dort zu einer kleinen Mauer auf. Das Feld wird nicht größer sein als das Kang, in dem die Familie schläft, aber es wird Platz für vierzig neue Maispflanzen haben. Vielleicht passen sogar noch zehn Süßkartoffeln darauf, hofft Wenhus Vater. Sein Rücken schmerzt vom Steineschleppen. Er wäre froh, wenn sein Sohn ihm helfen würde, doch er kann Wenhu verstehen. Lieber macht er die ganze Arbeit allein, wenn sein Sohn dafür die Chance bekommt sich sein Schuldgeld zu verdienen.

Wieder sammelt Wenhu den ganzen Tag Skorpione. Er sammelt und sammelt, bis er zwei Lederbeutel voll hat. Abends isst er schnell eine Schüssel Maisbrei und etwas Fladenbrot. Beim Essen fallen ihm schon die Augen zu, im Halbschlaf torkelt er ins Bett. Er zieht noch die Hose aus, das Hemd behält er an, sonst ist es ihm nachts zu kalt. Einen Schlafanzug besitzt er nicht.

Er träumt den Traum, den er fast jede Nacht träumt: Wenhu sitzt in der Schule. Der Lehrer erzählt von fernen Ländern, wo es immer warm ist. Wenhu sieht diese Länder im Traum. Dort gibt es viel Sonne, Sand und endlos große Meere. Fröhliche Kinder spielen im Sand. Sie dürfen alle zur Schule, keiner muss etwas dafür bezahlen. Dann ist der Unterricht

aus. Der Lehrer nimmt Wenhu beiseite und meint: »Wenhu, du bist gut in der Schule. Möchtest du nicht auch Lehrer werden?« – »Ach, das würde ich zu gern«, antwortet Wenhu und er weiß nicht, ob er es im Traum oder im Halbschlaf gesagt hat.

Draußen dämmert der Morgen. Der Junge springt aus dem Kang, schnappt seine beiden Beutel mit den toten Skorpionen und macht sich auf ins Tal. Heute will er die Skorpione an Herrn Wang, den Besitzer des Dorfladens, verkaufen. Der verkauft sie dann an die Medizinfabrik weiter. Was dort mit den Skorpionen geschieht, weiß Wenhu nicht. Im Moment ist es ihm auch egal.

Der Junge muss einen schmalen Grat entlanggehen, danach kommt ein steiles Geröllfeld. Wenhu verliert das Gleichgewicht und gerät ins Rutschen. Er versucht Halt zu finden, rutscht aber unaufhaltsam weiter. Er spürt, wie seine Schienbeine aufgeschürft werden. Verflixt, das brennt! Egal, was passiert, ich darf die beiden Beutel nicht loslassen, ist das Einzige, woran er denken kann. Nach ein paar Sekunden, die ihm wie eine Ewigkeit vorkommen, findet er Halt. »Scheint nichts passiert zu sein«, sagt er zu sich selbst – nichts, bis auf die Schürfwunden am Schienbein. Wenhu humpelt leicht, als er seine Beutel wieder über die Schulter legt. Trotzdem setzt er seinen Weg fort, er will unbedingt ins Tal.

Endlich kommt er im Dorf an. Sofort steuert Wenhu auf den Laden von Herrn Wang zu. Im Laden gibt es alles zu kaufen: Säcke mit Reis, getrocknetes Fleisch, Sojasoße, Kohl, Kochgeschirr, grauen und blauen Stoff, Zahnbürsten und Putzmittel – sogar Glühbirnen, obwohl fast keiner im Dorf Stromanschluss hat.

Gleich neben der Eingangstür steht ein großer brauner Stuhl, daneben ein Tischchen, auf dem zwei Scheren, ein Kamm und ein Rasiermesser liegen. Bei Herrn Wang kann man sich auch die Haare schneiden und den Bart rasieren lassen.

»Hallo, Wenhu, was bringst du da?«, fragt der kleine Mann und beugt sich neugierig über die La-

dentheke, sodass sein langer, dünner Bart über die Theke wischt. Ein paar Reiskörner verfangen sich darin. Wenhu muss grinsen. Der alte neugierige Wang sieht komisch aus, wenn seine Augen sich wie jetzt zu schmalen Schlitzen zusammenziehen.

»Ich möchte Skorpione verkaufen«, sagt Wenhu.

»Aha, lass mal sehen.« Schnell greift Herr Wang nach den Lederbeuteln. »Soso, ganz ordentlich«, murmelt er vor sich hin. Er wittert ein gutes Geschäft. »Ich gebe dir fünfzehn Yuan dafür.«

»Nein, das ist zu wenig. Das reicht nicht«, wehrt sich Wenhu.

»Das ist mehr als genug«, wettert der Alte.

»Aber dann kann ich doch nicht zur Schule. Ich habe einen Monat gebraucht um die Skorpione zu sammeln und in drei Tagen fängt die Schule an. So viele Skorpione kriege ich nicht zusammen, dass das Geld für die Schule reicht. Das schaffe ich nie.« Tränen kullern über Wenhus Wangen.

Herr Wang ist ein harter Geschäftsmann. Er gibt nicht nach. »Fünfzehn Yuan und keinen mehr.« Ein wenig tut ihm der Junge aber doch leid und gleichzeitig wittert er ein weiteres Geschäft. Darum macht er dem Jungen einen Vorschlag: »Wenhu, die Medizinfabrik kauft auch Haare. Du hast doch schönes dichtes Haar. Ich gebe dir sieben Yuan dafür.«

Fünfzehn Yuan für die Skorpione und noch mal sie-

ben für das Haar – Wenhu kann nur bis zehn rechnen. »Reicht das dann für die Schule?«, fragt er mit
zitternder Stimme.
Herr Wang schüttelt den Kopf. »Nein, das reicht
noch nicht ganz. Aber es ist über die Hälfte.«
Wenhu überlegt kurz. Ich habe keine andere
Wahl, denkt er bei sich. Er nickt. »Gut.«
Herr Wang führt ihn zu dem großen
braunen Stuhl. Der Junge setzt sich,
während der Ladenbesitzer zur
Schere greift. Schnell ist das Deck-
haar abgeschnitten. Dann nimmt der
Alte das Rasiermesser und rasiert
dem Jungen den Kopf kahl. Es ziept
und brennt und blutet sogar ein wenig, aber Wenhu verzieht keine Miene.
Er denkt nur an das Geld und an die Schule. Endlich
ist Herr Wang fertig. 22 Yuan gibt er Wenhu. So viel
hat Wenhu noch nie besessen. Er fährt sich mit der
Hand über den Kopf. Es fühlt sich seltsam an: ganz
glatt, bis auf die Krusten an manchen Stellen. Wenhu setzt seine Mütze auf – die kratzt auf einmal. Seine Kopfhaut ist durch die Rasur empfindlich geworden und der Stoff der Mütze ist hart. Kurz überlegt
Wenhu, ob er sie wieder abnehmen soll, doch dann
nimmt er das Geld und geht. Er will nur raus aus
dem Laden von Herrn Wang.

Draußen rennt Wenhu los, quer durchs Dorf, den steilen Berghang hinauf. Der Weg, der an einer Felswand entlangführt, ist sehr schmal und gleich daneben geht es hundert Meter in die Tiefe. Wenhu hat überhaupt keine Angst, im Gegenteil. Er liebt diese Stelle. Fasziniert schaut er nach unten und fühlt sich von der Tiefe angezogen. Komm, spring runter. Es ist herrlich, scheint eine Stimme ihm zu-zurufen. Ihm wird ganz heiß und er hat ein merk-würdiges Gefühl im Magen. Aber Wenhu springt nicht. Er weiß, es wäre sein Tod.

Vorsichtig, damit er nicht abrutscht, geht der Junge weiter – ruhig und stetig, lange Zeit. Als er näher zur Hütte kommt, überlegt er, was wohl die Eltern zu seinem kahlen Kopf sagen werden. Begeistert werden sie nicht gerade sein.

»Hallo, Wenhu, wie siehst du denn aus?« Es ist Li, die ihm entgegenkommt.

»Ich habe mir die Haare abschneiden lassen. Für Geld. Damit ich zur Schule gehen kann«, erzählt Wenhu seiner Schwester.

»Hat es weh getan?« fragt sie mit einem besorgten Blick auf die blutverkrusteten Stellen.

»Nicht sehr.«

»Hast du jetzt genug Geld für die Schule?«

»Nein«, gibt Wenhu kleinlaut zu. »Es reicht noch nicht ganz.«

Mittlerweile sind sie an der kleinen Hütte angekommen. Die Eltern sitzen am Herdfeuer und trinken Tee. Sie sehen müde aus.

»Wenhu, was ist geschehen?«, fragt die Mutter erschreckt, als sie den kahlen Kopf ihres Jungen sieht. Wenhu erzählt seine Geschichte noch einmal. Währenddessen spielt Li gedankenverloren mit ihren langen Zöpfen. Plötzlich huscht ein Leuchten über ihr Gesicht. »Ich lasse mich auch kahl scheren. Dafür gibt es bestimmt viel Geld. Dann reicht es und Wenhu kann zur Schule.«

»Li, du bist doch ein Mädchen. Du kannst nicht kahlköpfig herumlaufen«, protestiert die Mutter.

»Wer sieht mich denn schon außer euch und der Ziege?« Li gibt nicht auf. Wenhu könnte seine Schwester küssen. Er strahlt sie an. Das hätte er der schüchternen Li nie zugetraut. Ihre langen Zöpfe würden sicherlich mehr als sieben Yuan bringen. Doch die Eltern wollen nichts davon wissen.

»Schlimm genug, dass Wenhu so herumläuft. Frauen und Mädchen tragen langes Haar – auch unsere Tochter. Schluss, aus!« Damit ist für den Vater die Diskussion beendet.

Die Mutter kocht den Maisbrei und legt nebenher Möhrenkraut in Salzwasser ein. Li stellt die vier kleinen Schüsseln fürs Abendessen bereit. Sie wirft Wenhu verschwörerische Blicke zu.

Beim Abendessen spricht dann keiner ein Wort. Es ist kalt. Es zieht durch die Ritzen der Hütte. Während des Essens werden schon die Backsteine für das Bett am Feuer aufgeheizt. Sie machen das Kang schön warm. Wenhu und Li gehen gleich nach dem Essen zu Bett.

Am nächsten Morgen läuft alles wie immer. Wenhu hilft seinem Vater das neue Feld umzugraben. Er sammelt Steine vom Boden auf und hält gleichzeitig nach Skorpionen Ausschau. Aber kein einziger lässt sich blicken. Der Vater sagt nichts. Er schämt sich immer noch, dass er die Schule für seinen Sohn nicht bezahlen kann. Angestrengt überlegt er, ob er nicht etwas verkaufen könnte. Irgendetwas um ein paar Yuan zu bekommen. Doch es gibt nichts Überflüssiges in der Hütte der Familie. Nichts, das sie entbehren könnten.

Li treibt die Ziege den Berghang hoch. Dort findet das Tier ein paar Grashalme. Li handelt nicht gern gegen den Willen ihrer Eltern, aber sie weiß, wie sehr sich Wenhu wünscht zur Schule zu gehen. Er erzählt ihr viel von der Lehrerin und von dem, was sie alles weiß. Dann sucht er immer nach einem passenden Felsen, malt ein paar Schriftzeichen auf den Stein und erklärt seiner Schwester die Bedeutung.

Wenn Wenhu nicht zur Schule geht, dann kann er auch seiner Schwester nichts mehr beibringen. Li

zögert kurz. Sie weiß nicht so recht, ob sie es tun soll. »Es muss einfach sein«, sagt sie dann zu sich. Das Mädchen schaut noch einmal nach, ob die Ziege auch genug zu fressen findet. Nachdem sie das Tier mit einem langen Strick angebunden hat, macht sie sich auf den Weg hinab ins Dorf. Sie will nicht daran denken, was die Eltern sagen werden, wenn sie ohne Haar zurückkommt.

Den gefährlichen Abstieg ins Dorf hat die kleine Li noch nie allein gemacht. Doch sie findet den Weg. Die meiste Zeit rennt sie, denn sie will das Ganze so schnell wie möglich hinter sich bringen. Nur an der steilen Felswand geht sie ganz behutsam. Sie drückt sich an den Stein, damit sie ja nicht ausrutscht. Dabei hat Li in den Bergen genauso wenig Angst wie ihr Bruder. Es macht ihr Spaß lange Touren zu unternehmen. Sie mag die Spannung, wenn sie ganz auf sich allein gestellt ist, wenn niemand ihr hilft. Natürlich erzählt sie den Eltern nicht, was für gefährliche Kletterpartien sie ab und zu unternimmt. Die Eltern würden sicherlich schimpfen und ihr die Kletterei verbieten.

Außer Atem kommt Li im Dorf an, sie ist ziemlich müde. Aber an eine Pause denkt sie jetzt nicht. Sie will nur eins: die Sache schnell zu Ende bringen. Li war schon einmal mit ihrer Mutter im Laden von Herrn Wang. Damals haben sie grauen, harten

Baumwollstoff gekauft. Daraus hat die Mutter dann zwei Jacken genäht.

»Ja, bist du nicht die kleine Li?«, begrüßt Herr Wang sie. »Was willst du denn hier?«

Der dürre alte Mann mit dem langen spitzen Bart und den vielen Falten im Gesicht sieht zum Fürchten aus. Am liebsten würde Li wegrennen. Aber nein, das geht nicht – sie denkt an Wenhu und die Schule. Also nimmt sie ihren ganzen Mut zusammen und sagt leise: »Ich möchte mein Haar an die Medizinfabrik verkaufen.«

»Soso«, sagt Herr Wang. »Wissen denn deine Eltern davon?«

Li nickt zaghaft und lügt damit. Herr Wang wittert wieder ein gutes Geschäft, denn er bekommt für das Haar und die Skorpione viel mehr Geld von der Medizinfabrik, als er Wenhu und Li bezahlt. Rasch bugsiert er das Mädchen zu dem Stuhl, auf dem gestern ihr Bruder gesessen hat. Jetzt gibt es für Li kein Zurück mehr.

»Reicht das Geld dann dafür, dass Wenhu zur Schule gehen kann?«, fragt sie kleinlaut.

»Es wird schon reichen«, meint Herr Wang barsch, doch dann beginnt er zu pfeifen. Innerhalb von zwei Tagen so gute Geschäfte zu machen, das stimmt den Alten fröhlich.

Jetzt kommt er mit der Schere. Li hält den Atem an

98

und schließt die Augen. Zwei Schnitte und die Zöpfe sind ab. »Fertig«, sagt Herr Wang.

»Sie rasieren mir nicht den Kopf?«, fragt Li.

»Nein, du bist doch ein Mädchen. Du kannst nicht mit einem kahlen Schädel rumlaufen. Das mache ich nur bei Jungen«, antwortet Herr Wang.

Li springt erleichtert vom Sessel.

Rasch steckt sie das Geld ein, das der Alte ihr hinhält. Genau wie ihr Bruder will auch sie nur noch hinaus. Im Vorbeigehen betrachtet sie sich in einer Glasvitrine. Oh, das gibt Ärger, fährt es ihr durch den Sinn. Sie holt die Mütze aus ihrer Tasche, die sie vorsorglich mitgebracht hat, und macht sich auf den Heimweg.

Es ist schon dunkel, als das Mädchen zu Hause ankommt. Ihre Familie steht vor der windschiefen Hütte und hält besorgt Ausschau.

»Da ist sie!« Wenhu entdeckt seine Schwester als Erster. »Li, wo warst du?« Eigentlich könnte er sich die Frage sparen – er weiß genau, wo Li gesteckt hat. Und auch die Eltern sehen es sofort.

»Kommt erst mal alle rein«, sagt die Mutter.

Stolz legt Li das Geld auf den Tisch.

»Du hast es also doch getan«, meint der Vater nur. »Ich bin enttäuscht, dass du gegen meinen Willen gehandelt hast.«

Es entsteht eine Pause. Li und Wenhu schauen sich an. Beide hoffen, dass der Vater nicht zu schimpfen anfängt. Das tut er nicht, aber er sieht sehr ernst aus.

»Du warst ungehorsam – aber ich freue mich, dass du deinem Bruder geholfen hast.«

Die Mutter nimmt behutsam Lis Mütze ab. Alle atmen auf. »Li, du hast noch Haare auf dem Kopf!«, ruft die Mutter erleichtert.

Die schwere Entscheidung, der lange Marsch und die Aufregung – das war viel für die kleine Li. Ihr fallen die Augen zu und in den Armen ihrer Mutter schläft sie ein.

Wenhu dagegen ist vor Glück putzmunter. Er strahlt und hüpft nur noch. Es wird wahr! »Übermorgen kann ich zur Schule!« Er umarmt seinen Vater, küsst seine Mutter und springt ins Bett. Mit einem seligen Lächeln auf den Lippen schläft er ein.

Am ersten Schultag steht Wenhu in der Morgendämmerung auf. Sorgfältig streicht er die Geldscheine glatt und steckt sie in die Hosentasche. Sein Frühstück isst er ganz schnell. Dann ist er bereit.

»Musst du nicht den Hocker mitnehmen wie im letzten Jahr?«, fragt die Mutter.

»Ach ja, es gibt ja keine Stühle in der Schule.« Also schultert Wenhu den einzigen Klapphocker der Familie und macht sich auf seinen langen Schulweg

hinab ins Dorf. Unterwegs trifft er Chen, der ein Jahr älter ist als er und viel größer und kräftiger. Chen kommt aus dem Nachbartal. Auch er wohnt mit seinen Eltern in den Bergen. Und er hat denselben kahlen Schädel wie Wenhu. Chen trägt einen richtigen Stuhl über den schmalen Bergpass. Damit stößt er immer wieder an die Felsen. Er und Wenhu lächeln sich zu. Sie kennen sich noch vom letzten Schuljahr. Chen ist ein ausgezeichneter Rechner. Beide gehen schweigend ins Tal. Sie müssen sich auf den Weg konzentrieren und darauf, ihre Stühle heil hinunterzubringen.

In der Schule werden sie von ihrer Lehrerin begrüßt. Frau Deng steht in einem blauen Baumwollanzug an der Schultür. Es ist keine richtige Tür, sondern nur ein Loch in der Mauer mit einer dicken Decke davor. Türen gibt es genauso wenig wie Fensterglas. Als Heizung dient ein Öfchen, das viel zu klein ist für das Klassenzimmer. Im Winter ist es

hier eiskalt, denn der Ofen wärmt nur in einem Umkreis von höchstens einem Meter. So macht Frau Deng alle halbe Stunde mindestens zehn Minuten Pause, damit die Schüler ihre klammen Finger an dem Kohleofen aufwärmen können. Sie sitzen die ganze Zeit in ihren Jacken da. Es ist so kalt, dass manche mit den Zähnen klappern. Wenn das Thermometer unter den Gefrierpunkt sinkt, werden die Fenster mit Pappe verhängt. Das hält zwar den Wind und die Kälte besser draußen, aber auch das Licht. Nur ganz wenig Helligkeit dringt durch die Ritzen des Hauses. Seit letztem Jahr gibt es eine Glühbirne im Schulraum, aber mit dem elektrischen Licht wird gespart. Frau Deng macht es nur an, wenn es nicht mehr anders geht. Die Lehrerin ist so sparsam, weil sie kaum Geld für Reparaturen an der Schule erhält. Die Glühbirne muss lange halten. Also sitzen die Kinder an trüben Tagen draußen auf einem Felsvorsprung und malen ihre Schriftzeichen auf einen flachen Stein. Genau wie Wenhu seiner Schwester Li die Schriftzeichen immer vorzeichnet.

Heute ist ein warmer Tag, alle Wolken haben sich verzogen.

102

Wenhu stellt seinen Klapphocker in eine Ecke des Schulraumes und reiht sich am Ende der Schlange ein. Am anderen Ende sitzt Frau Deng und nimmt das Geld entgegen. Gewissenhaft trägt sie die Namen und Beträge in ein großes Buch ein. Die Schüler, die in der Reihe stehen, begrüßen sich untereinander – aber nur mit einem Lächeln, einem Zwinkern oder einem freundschaftlichen Klaps. Frau Deng verlangt absolute Ruhe.

Endlich ist Wenhu an der Reihe. Stolz legt er seine Geldscheine auf das Pult. Frau Deng zählt, schüttelt den Kopf, zählt noch einmal. »Wenhu, das reicht nicht. Es fehlen drei Yuan«, sagt sie. Wenhu schluckt. Hat der alte Kaufmann also doch nicht genug gezahlt! »Ich habe nicht mehr – aber ich möchte so gern zur Schule gehen. Bitte, schicken Sie mich nicht fort.« Wenhu ist ganz verzweifelt.

Frau Deng weiß, wie gern Wenhu zur Schule geht und was für ein guter Schüler er ist. Sie weiß auch, wie schwer es für die meisten Familien ist das Geld für die Schule aufzubringen. Das zeigen ihr die vielen kahlen Schädel. Fast alle Schüler haben ihr Haar für ein paar Yuan verkauft, genau wie Wenhu.

Der Junge spürt einen Kloß im Hals. Er kann nicht

sprechen. Angestrengt versucht er die Tränen hin-
unterzuschlucken, doch es gelingt ihm nicht. Er
weint. Lautlos, aber alle wissen es.

Frau Deng überlegt, was sie tun kann. Dann hat sie
eine Idee: »Wenhu, du kannst mir die drei Yuan
auch erst in einem Monat bringen. Ich strecke dir
das Geld vor. Wie du es dann auftreibst, das ist
deine Sache. Ich möchte das Geld einfach in vier
Wochen auf meinem Schreibtisch haben.«

Wenhu ist sprachlos. Er darf bleiben! Drei Yuan in
einem Monat, das kann er schaffen. So viele Skorpione wird er schon finden. Dankbar sagt er: »Ich
werde Ihnen das Geld bringen, ganz bestimmt. Darauf können Sie sich verlassen.« Dann nimmt er
seinen Klapphocker und setzt sich erleichtert neben
Chen in die zweite Reihe.

Gäste des Ozeans

Eine leichte Brise lässt das Boot
schaukeln. Rajin fährt sich
mit der Hand über die Stirn.
Er schwitzt. Ohne lange zu
überlegen lässt sich der Junge nach hinten plumpsen,
ins lauwarme Wasser des Indi-
schen Ozeans. Das Boot und das Wasser, das ist die
Heimat von Rajin Midhot. Seine Familie gehört zu
den Orang Lauts, den Seemenschen in Indonesien.
Die Seemenschen leben fast immer in ihrem Boot,
jede Familie für sich. Und jede Familie lässt sich
mit ihrer Sope, so heißen die Boote, einfach mit
dem Wind treiben. Nur manchmal laufen sie die
Pfahlhütten an, die die ganze Verwandtschaft zusammen gebaut hat. Diese Hütten stehen auf Holzpfählen im Wasser. Dort bringen sie die Fische hin,
die an die Händler verkauft werden, und dort wohnt
auch Rajins Großmutter. Seit ihr Mann gestorben
ist, lässt sie sich nicht mehr mit dem Wind treiben.
Rajin liebt das Wasser. Er konnte schwimmen, bevor er gehen gelernt hatte. Das Wasser ist sein
Leben – und auch sein Arbeitsplatz. Rajin ist zwar
noch ein Kind, aber arbeiten muss er schon seit ein
paar Jahren.

105

Doch kann er nicht
behaupten, dass ihm
die Arbeit keinen Spaß macht.
Es ist eigentlich eher ein spannender Zeitvertreib,
durch den die Familie etwas dazuverdient. Der Junge mit den schwarzen Haaren und der hellbraunen Haut taucht nach Perlen. Genauer gesagt: nach Muscheln, in denen sich Perlen befinden können.
Für Rajin ist es jedesmal ein Abenteuer, unter Wasser nach Muscheln und Seeschnecken Ausschau zu halten – vor allem seit er seine heißgeliebte Taucherbrille hat. Für europäische Verhältnisse ist die Brille sehr primitiv. Für Rajin ist sie jedoch das Beste, was er je besessen hat.
Passend zu zwei großen Glasscherben hat sein Vater einen Holzrahmen geschnitzt. Er hat sich bemüht den Rahmen möglichst genau an das Gesicht seines Sohnes anzupassen. Mit Stoffbändern wird die Brille hinter dem Kopf festgebunden. So sind Rajins Augen unter Wasser geschützt und brennen nicht mehr so stark wie früher.
»Rajin, wo steckst du? Es gibt Essen.« Seine Mutter sucht ihn. Rajin taucht auf und klettert ins Boot. Die Sope ist nicht groß. Rajin, seine Eltern und sein jüngerer Bruder Badrus haben zusammen nicht mehr als sechs Quadratmeter Platz. Überall stehen Kanister mit Trinkwasser, Säcke mit Lebensmitteln,

Töpfe und Plastikeimer herum. Wenn Rajin und
Badrus schlafen wollen, muss erst einmal der Berg
mit Salzfischen aufs Vorderdeck gelegt werden.

Ein Teil des Besitzes der Familie Midhot ist an den
Auslegern festgebunden. Das sind lange, dicke
Holzbalken, die rechts und links an der Sope befestigt sind, damit sie sicherer auf dem Wasser liegt.
Trotz der Enge auf dem Boot fühlen sich die Midhots nicht eingezwängt. Ihr Zuhause ist nicht nur
die Sope, sondern auch der Ozean.

Rajin setzt sich zur Familie unter das Dach aus Pal-
menblättern. Es gibt Fisch wie fast jeden Tag, dazu
Süßkartoffeln und Tee.

»Der Fang ist nicht gerade gut gewesen«, erzählt der Vater, der die Netze kontrolliert hat.

»Dann lass uns doch weitersegeln«, schlägt seine Frau vor.

So machen es die Orang Lauts, die Seemenschen, immer: Wenn es ihnen an einem Platz nicht mehr gefällt oder die Fischgründe nichts hergeben, dann setzen sie die blauweiß gestreiften Segel und lassen sich wieder mit dem Wind treiben.

Alle sind einverstanden. »Gut, dann werde ich euch heute Nachmittag unterrichten«, sagt der Vater.

Die Mutter verzieht das Gesicht. Sie kann nicht verstehen, wozu ihre Söhne schreiben und rechnen lernen sollen. »Das brauchen wir hier auf dem Wasser nicht«, sagt sie immer. »Unsere Kinder müssen gute Schwimmer und Taucher sein – und gute Fischer. Das ist alles, was zählt.«

Rajins Vater ist da anderer Ansicht. »Wir müssen ihnen mehr beibringen. Schwimmen, tauchen und fischen genügt heutzutage nicht mehr«, sagt er bestimmt. »Die Zeiten ändern sich. Vielleicht wollen sie später gar keine Orang Lauts mehr sein. Vielleicht wollen sie lieber an Land leben. Vielleicht können Fischfang und Perlentauchen sie eines Tages auch nicht mehr ernähren. Darauf müssen sie vorbereitet sein.«

»Die Orang Lauts leben seit vielen Generationen

vom Fischfang und es ging ihnen immer gut. Warum sollte das anders werden?« fragt die Mutter.
»Weil es jetzt die großen Schiffe aus Metall gibt. Sie
kommen aus Japan oder Australien. Viele, viele
Menschen arbeiten darauf. Sie fangen Tonnen von
Fischen. So viele hast du noch nie auf einmal gesehen. Selbst die Muscheln holen sie in großen Men-
gen vom Meeresboden. Dagegen sind unsere Fänge
nichts. Einfach nichts.«
Nach einer Pause fügt der Vater hinzu: »Ich weiß
nicht, wie lange die Orang Lauts noch vom Fischfang leben können. Darum müssen unsere Kinder
unterrichtet werden.« Damit ist für ihn die Diskussion beendet.
Am Nachmittag holt der Vater die Schiefertafel hervor und beginnt Schriftzeichen darauf zu malen.
Er schreibt sie in Bahasa Indonesia, der offiziellen
Landessprache Indonesiens. Aber es gibt Hunderte
von Sprachen und Dialekten, denn Indonesien besteht aus mehreren tausend Inseln – über 13 000

kann man auf der Landkarte zählen. Und überall sprechen die Leute ihren eigenen Dialekt. Damit sie sich mit den Bewohnern der anderen Inseln unterhalten können, wurde Bahasa Indonesia eingeführt. Rajin findet es toll, wenn der Vater ihnen etwas Neues beibringt. Aber allzu viel weiß er leider nicht. Rajin stößt immer wieder an die Wissensgrenzen seines Vaters.

»Vater, wie weit geht das Meer? Bis zu den Philippinen und dann ist Schluss?«

»Nein«, antwortet der Vater. »Die Philippinen bestehen auch aus vielen Inseln.«

Damit gibt sich Rajin aber nicht zufrieden. »Vater«, fängt er wieder an, »was kommt hinter den Philippinen? Ist da nur noch Wasser?«

»Nein, da ist nicht nur Wasser. Da kommen andere Inseln und Kontinente«, sagt der Vater. Aber was hinter den Philippinen liegt, weiß er auch nicht so genau. Rajins Vater war nämlich nur zwei Jahre in der Schule. Sein Vater hat ihn damals zur Schule geschickt, damit er mehr lernt als Fische fangen. In jener Zeit wohnte Rajins Vater bei seinem Onkel in einem Dorf auf einer Inselgruppe, die Molukken heißt. Aber das ist lange her. Rajins Vater hat viel von dem vergessen, was er als Junge gelernt hat. Denn nach zwei Jahren war Schluss mit der Schule. Seine Mutter sagte: »Unser Junge ist ein Orang Laut

und kein Landmensch.« Sie lag ihrem Mann damit so lange in den Ohren, bis er nachgab. Rajins Vater lebte von da an wieder auf dem Boot, fischte und tauchte nach Muscheln und Schnecken.

»Schaut, da vorne ist eine andere Sope!«, ruft Badrus. »Juhu!«

Sofort steht die ganze Familie auf und winkt. Die anderen winken zurück. Rajin und Badrus springen vor Freude ins Wasser, noch bevor geankert wird. Die Kinder von der anderen Sope springen auch hinein und schon beginnt eine lustige Wasserschlacht mit viel Gejohle.

Es gibt jedesmal ein kleines Fest, wenn sich Seemenschen begegnen. Dann ankert man zusammen für ein paar Stunden oder auch mal über Nacht.

»Unser Fang heute Morgen war ganz ordentlich. Wollt ihr mit uns essen?«, lädt die Frau von der anderen Sope die Midhots ein.

»Sehr gern«, sagt Rajins Mutter. »Wir können Süßkartoffeln beisteuern.«

Auf der anderen Sope lebt eine Familie mit drei Töchtern: Ibu, Ona und Odal. Abends sitzen alle um ein kleines Metallbecken, in dem ein Feuer flackert. Das ist der Herd der Orang Lauts.

Das Essen hat köstlich geschmeckt. Pappsatt lehnt sich Badrus zurück. »Bitte, Mama, erzähl eine Geschichte.« Die Jungen lieben Geschichten und ihre

Mutter ist eine gute Erzählerin. Die Mutter schaut in den Sternenhimmel und beginnt: »Ich erzähle euch die Geschichte, wie die Orang Lauts das geworden sind, was sie sind – Gäste des Ozeans. Vor einigen Jahrhunderten sind zwanzig Männer aus Malaysia aufgebrochen um ihre Prinzessin Lolo zu suchen. Die war nämlich seit einer Bootsfahrt verschwunden. Die Männer setzten die Segel und stachen in See. Sie fuhren viele Inseln an, gingen überall von Bord und suchten die Prinzessin. Aber sie fanden sie nicht. Die Suche war gefährlich, denn es gab angriffslustige Affen, Raubkatzen und Krokodile auf den Inseln.

Nach einem Jahr hatten die Männer fast hundert Inseln abgeklappert, aber von Prinzessin Lolo gab es keine Spur. Statt der zwanzig Männer waren es nur noch dreizehn. Drei waren von Krokodilen gebissen und dann weggezerrt worden, als sie durch einen Fluss wateten. Zwei starben an Malaria. Einer verliebte sich auf einer Insel in ein Mädchen und blieb dort. Ein anderer brach sich das Bein. Er musste für einige Zeit liegen und blieb ebenfalls auf einer Insel zurück. Die übrigen dreizehn Männer gaben nicht auf. Sie suchten noch sechs Monate.

Dann kamen sie nach Sulawesi, einer Insel nahe Borneo. Dort fanden sie Prinzessin Lolo.

Die Männer waren erschöpft, aber glücklich, dass

sie die junge Frau endlich gefunden hatten. Sofort
wollten sie mit der Prinzessin die Heimreise nach
Malaysia antreten. Doch Lolo weigerte sich. Sie
war die Frau des Prinzen von Bone geworden. Es
gefiel ihr in Sulawesi. Sie war glücklich.
Die Männer versuchten die Prinzessin umzustim-
men, doch Lolo wollte nichts davon hören. Es blieb
den Männern nichts anderes übrig – sie stachen all-
lein wieder in See.
Mittlerweile waren sie das Segeln so gewohnt, dass
sie sich nichts anderes mehr vorstellen konnten. Sie
beschlossen, nicht nach Malaysia zurückzukehren,
sondern sich weiter mit dem Wind treiben zu lassen.
Das war der Beginn der Orang Lauts.«

Am nächsten Morgen tollen Rajin und Badrus mit
Ibu und Ona im Wasser herum. Odal liegt faul auf
dem Boot. »Los, lasst uns um die Wette schwimmen«, schlägt Ona vor. »Wer zuerst um die beiden
Sopen herum ist, hat gewonnen.« Rajin setzt seine

Taucherbrille auf. »Mensch, die ist aber toll«, staunt Ona. »So eine würde ich auch gern haben. Wo hast du die her?«

»Mein Vater hat sie gemacht«, sagt Rajin stolz.

Die vier Kinder sind bereit. »Und los!« Der Vater gibt das Zeichen zum Start. Rajin will unbedingt gewinnen. Schneller als sein Bruder schwimmt er sowieso. Nach der halben Strecke liegt Rajin leicht in Führung, aber Ona ist fast gleichauf. Nur noch ein paar Meter. Gleich ist es geschafft. Er schwimmt, so schnell er kann. Aber er sieht durch seine Brille, dass Ona gleich schnell ist wie er. Vielleicht sogar ein bisschen schneller. Und wirklich – Ona gewinnt.

Für ein paar Sekunden ist Rajin traurig. Er hätte gern gewonnen. Aber er ist auch begeistert von Ona. Noch nie hat er ein Mädchen getroffen, das so schnell schwimmen konnte. Sie lachen und spritzen sich gegenseitig Wasser ins Gesicht. Rajin holt Luft, taucht und sucht die Korallenbank ab. Er findet eine schöne Schnecke und nimmt sie mit nach oben. »Hier, die ist für die Schnellschwimmerin«, sagt er und überreicht Ona die Schnecke.

»Oh, die ist wunderschön.« Ona strahlt vor Freude.

»Es wird Zeit, dass wir weiterziehen«, meint Rajins Vater. »Wir haben in den letzten Tagen wenig Fische in den Netzen gehabt. Ein großer Fang würde uns mal wieder gut tun.«

»Ich fange in letzter Zeit auch nicht mehr so viel wie früher«, klagt der Mann von der anderen Sope. »Und ich weiß auch warum. Wir haben vor ein paar Wochen die großen Schiffe mit ihren riesigen Netzen gesehen. Die fangen so viel, dass für uns immer weniger übrig bleibt.«

Rajins Vater nickt nur. Dann setzen sie die Segel, winken und machen sich auf den Weg.

»Auf Wiedersehen, Ona, wenn wir uns das nächste Mal sehen, dann gewinne bestimmt ich!«, ruft Rajin dem Mädchen zu.

»Vielleicht!«, ruft sie zurück. »Auf Wiedersehen!«

»So, meine Söhne, heute werden wir wieder Unterricht halten«, sagt der Vater bestimmt. Die großen Schiffe mit ihren vollen Netzen machen ihm Angst. Die Kinder müssen lernen, denkt er bei sich. Und zwar mehr, als ich ihnen beibringen kann. Sie müssen in die Schule gehen.

Weiter kommt er mit seinen Überlegungen nicht, denn ein Motorboot fährt auf die Sope zu.

Auch das noch! Ein Polizeiboot.

»Kontrolle«, sagt der Polizist nur und klettert, ohne zu fragen, auf die Sope hinüber. »Wo ist die Meldebestätigung? Wo sind die Ladepapiere?«

Der Vater sucht nach den Papieren, die natürlich nicht auf dem neuesten Stand sind.

Eigentlich müsste immer die Ladung an Fischen eingetragen sein, die gerade an Bord ist. Aber das ist viel zu viel Arbeit, das macht keiner der Seemenschen. Schließlich ändert sich die Ladung mit jedem Tag. Außerdem können die meisten Seemenschen überhaupt nicht schreiben.

Der Polizist schüttelt den Kopf. »So geht das nicht«, sagt er grimmig. »Es muss alles seine Ordnung haben. Und der Meldeschein?« Er wirft einen Blick auf das leicht vergilbte Papier. »Der scheint wenigstens zu stimmen«, brummt er vor sich hin.

Die indonesische Regierung verlangt von den Orang Lauts, dass sie in einem Dorf gemeldet sind. Die Seemenschen sehen keinen Sinn darin, denn sie sind so gut wie nie in dem Dorf.

Aber sie brauchen den Meldeschein, damit es keine Schwierigkeiten gibt.

Der Polizist schaut noch immer sehr ernst. »Du weißt, dass die Papiere nicht in Ordnung sind«, sagt er streng zum Vater. Der nickt. »Ich könnte dich jetzt anzeigen«, droht der Polizist, »aber ich will

116

mal nicht so sein.« Er deutet auf die Fische, die zum Trocknen auf der Sope ausgebreitet sind. »Sagen wir, du gibst mir die Hälfte der Fische, dazu den Plastikkanister und deine Sonnenbrille. Dann habe ich nichts gesehen.«

Der Vater schluckt. Es ist der halbe Fang der letzten Tage, was der Polizist fordert. Wenn die Netze weiterhin so leer bleiben, dann können die Midhots kaum noch etwas bei den Händlern eintauschen. Das heißt, es wird in nächster Zeit keine Süßkartoffeln und kein Gemüse mehr geben. Auch mit dem Schulgeld wird es schwierig. Und dann will der Polizist auch noch die Sonnenbrille, auf die Rajins Vater so stolz ist.

Doch es bleibt ihm nichts anderes übrig. Der Polizist kann ihn anzeigen und Rajins Vater würde zu einer Strafe verdonnert, die er nie und nimmer bezahlen könnte. Darum packt er die Fische zusammen, reicht dem Polizisten den Kanister und gibt ihm schweren Herzens die Sonnenbrille. Der Polizist verzieht das Gesicht zu einem Grinsen, steigt in sein Motorboot und fährt davon.

Auf der Sope spricht keiner ein Wort. Alle sind traurig. Rajin weiß, dass das Geld jetzt knapp wird. Er setzt seine Taucherbrille auf, springt ins Wasser, holt tief Luft und taucht an der Korallenbank entlang. Er schwimmt durch einen Schwarm leuchtend

roter Fische, doch er nimmt sich nicht viel Zeit sie genau zu betrachten. Wenn ich zwei, drei Muscheln mit schönen Perlen darin finde, können wir die an die Händler verkaufen, denkt er sich. Doch er weiß auch, dass er in letzter Zeit bei der Muschelsuche nicht viel Glück gehabt hat.

Rajin findet sechs geschlossene Muscheln, die er in ein kleines Netz packt, das an seiner Badehose befestigt ist. Die Luft wird ihm knapp und er taucht kurz auf – aber nur um tief einzuatmen und wieder nach unten zu gehen. Er kann nicht sagen, warum, aber er hat ein gutes Gefühl. Er ist sicher, dass diesmal in einigen Muscheln eine Perle sein wird.

Rajin macht noch drei Tauchgänge. Dann hat er fünfundzwanzig Muscheln im Netz, so viele wie schon lange nicht mehr. In der Sope schüttet er die Muscheln auf den Boden und öffnet eine nach der anderen. Die erste ist leer, die zweite ist leer, genauso die dritte, vierte und fünfte.

Rajin schaut seinen Vater an, der zuckt mit den Schultern. Dann blickt er zur Mutter, die lächelt ihm aufmunternd zu.

»Los, mach weiter!«, sagt Badrus voller Spannung. Die sechste Muschel geht schwer auf, aber die Mühe lohnt sich. Eine Perle liegt darin. Rajin strahlt. Auch die nächste Muschel geht schwer auf.

Der Junge hofft, dass auch in ihr eine  Perle liegt.

Fehlanzeige. Nur Muschelfleisch. Aber bei der elften und zwölften hat er wieder Glück. Und ganz zum Schluss, bei den letzten drei Muscheln, genauso. Sechs Perlen – das ist ein toller Fang!

Der Vater schaut zufrieden in die Runde. »Es ist an der Zeit, dass wir mal wieder zum festen Boot fahren. Dort werden wir auch auf die Händler treffen.«

Festes Boot – so nennen die Seemenschen ihre Siedlung aus Pfahlhütten, die im Wasser stehen. Die ganze Verwandtschaft der Midhots hat vor vielen Jahren das »feste Boot« gebaut. Es besteht aus ungefähr zwanzig Hütten – eine für jede Familie. Dort leben die Orang Lauts vor allem in der Regenzeit, wenn es auf der Sope ungemütlich wird. Der Regen allein wäre nicht so schlimm, aber der Wind lässt das Meer unruhig werden. Da ist es in den Hütten sicherer.

Die Händler klappern die »festen Boote« der verschiedenen Sippen ab. Sie kaufen getrocknete Fische und Perlen von den Seemenschen und verkaufen Lebensmittel, Stoffe, Kochgeschirr, Seife und was die Orang Lauts sonst noch zum Leben brauchen. Und sie überbringen Neuigkeiten von den Inseln. Schließlich haben die Orang Lauts keine Zeitung, kein Radio und keinen Fernseher.

119

Die Familie Midhot segelt fast zwei Tage um zum »festen Boot« zu gelangen. Die Netze und Angeln sind dabei selten ausgeworfen. Sie wollen schnell an ihr Ziel kommen. Der Tee und die Maniokwurzeln, die es als Gemüse gibt, sind fast ausgegangen. Auch die anderen Lebensmittel werden knapp.

In der Nacht haben Rajins Eltern ein langes Gespräch. Es dreht sich um die Schule. »Frau, wir haben bisher alles gemeinsam beschlossen«, sagt der Vater zum Schluss, »so sollte es auch dieses Mal sein. Aber selbst wenn du nicht einverstanden bist, werde ich unsere Söhne zur Schule bringen. Zunächst nur Rajin – ihm macht das Lernen mehr Freude als Badrus. Doch später soll auch Badrus die Schule besuchen.« Er blickt seiner Frau lange in die dunklen Augen und sagt dann leise: »Ich möchte doch nur das Beste für unsere Kinder. Bist du also einverstanden?«

Die Mutter zögert – dann nickt sie.

Eigentlich sollte Rajin längst schlafen, aber er hat das Gespräch seiner Eltern belauscht und freut sich riesig. Er darf zur Schule! Endlich wird er erfahren, wie es hinter den Philippinen weitergeht. Denn so etwas müssten die in der Schule doch wissen.

Am nächsten Nachmittag taucht das »feste Boot« am Horizont auf. Schon von weitem können die Midhots die Hütte der Großmutter sehen und einen

Menschen davor. Das muss die Großmutter sein! Alle vier beginnen zu winken und zu rufen. Aber sie sind noch zu weit entfernt, die Großmutter kann sie nicht erkennen. Dann hebt sie plötzlich die Hand und winkt zurück.

»Sie hat uns entdeckt!«, ruft Rajin. »Sie hat uns entdeckt!« Er ist ganz aufgeregt, denn er liebt seine Großmutter und freut sich auf das Wiedersehen.

»Sie hat die Sope entdeckt, aber sie kann nicht wissen, dass wir es sind«, meint der Vater. Doch das ist Rajin egal, er winkt und ruft, so laut er kann.

Eine halbe Stunde später liegt Rajin der Großmutter in den Armen. »Schön, dass ihr mal wieder vorbeischaut.« Sie freut sich. Auch die anderen Verwandten kommen um die Midhots zu begrüßen. Kurz darauf sitzen alle am Feuer der Großmutter.

»Wann waren die Händler das letzte Mal am festen Boot?«, will der Vater wissen.

»Oh, das ist schon eine Weile her«, antwortet seine Mutter. »Ihr könntet Glück haben – vermutlich kommen sie in den nächsten Tagen vorbei.«

»Großmutter, ich darf zur Schule«, platzt Rajin mit der großen Neuigkeit heraus.

»So«, sagt die alte Frau nur. Sie kennt die unterschiedlichen Ansichten seiner Eltern. »Freust du dich darauf?«

»Und wie!«, ruft Rajin voller Begeisterung.

»Ich muss noch nicht hingehen«, erklärt Badrus.
Die Großmutter hat sofort bemerkt, dass Rajin
»darf« und Badrus »muss« gesagt hat. »Dann freust
du dich wohl, dass du weiterhin mit dem Wind treiben darfst, Badrus?«
Der Junge nickt. »Es gibt doch nichts Schöneres«,
sagt er leise.
Rajin kann seinen Bruder nicht verstehen. Woher
will er denn wissen, dass es nichts Schöneres gibt?
Er kennt doch nichts anderes. Aber Rajin hat es auf-
gegeben seinen Bruder danach zu fragen. Badrus
konnte ihm nie eine Antwort geben, mit der er zufrieden war.
Rajin genießt die Tage auf dem »festen Boot«. Er
trifft ein paar Cousins, mit denen er um die Wette
schwimmt und taucht. Und von den Terrassen vor
den Pfahlhütten kann man prima ins Wasser springen. Trotzdem zählt für ihn nur eines: der Tag, an
dem sie in See stechen und zu der Insel segeln, auf
der sein Onkel wohnt. Das Leben auf dem Wasser
kennt Rajin seit seiner Geburt. Das Leben an Land
wird für ihn ganz neu sein – und darauf freut er sich.

122

Zwei Tage später kommen die Händler mit ihren Booten angefahren. Der Vater verkauft den Fisch, den der Polizist ihm gelassen hat, und die Perlen. Dafür bekommt er einen guten Preis. So kann er nicht nur die Vorräte der Familie auffüllen, es bleibt sogar noch etwas Geld übrig. Zusammen mit dem, was die Midhots gespart haben, wird es reichen um Rajin zur Schule zu schicken.

»Vater, wann segeln wir ab?«, will Rajin voller Ungeduld wissen.

»Du kannst es wohl kaum erwarten«, sagt die Mut-

ter traurig. »Wir machen uns morgen auf den Weg nach Soasiu.«

Dann ist es soweit: Die Midhots stechen in See. Beim Abschied bekommt Rajin ein komisches Gefühl. Wie wird es sein, wenn ich das nächste Mal zum »festen Boot« komme? Erst jetzt wird ihm so richtig bewusst, dass er seine Familie für lange Zeit nicht sehen wird. In der Sope schaut er sich alles ganz genau an. So, als wolle er das Leben auf dem Boot und die Gegenstände in sich aufsaugen und mitnehmen. Er macht lange Tauchgänge zu den Korallenbänken, schaut sich die bunten Fische an und genießt die Stille unter Wasser.

Schließlich sind sie angekommen. Rajin kann schon den Strand sehen. Daneben ist ein kleiner Hafen und gleich dahinter stehen viele Kokospalmen und Bananenstauden. Rajin sieht ein paar Felder und dann gibt es nur noch Urwald. Wie eine grüne Wand hebt sich der Dschungel vom Strand ab. Ein Stückchen weiter rechts sind einige Holzhütten zu sehen, dazwischen eine Straße.

Die Sope läuft in den Hafen ein, Rajins Herz schlägt schneller. Er ist gespannt. Er freut sich, hat Angst, ist aufgeregt und findet es herrlich – alles zur selben Zeit. Auch der Rest der Familie ist still. Es ist auch für die Eltern lange her, dass sie in einem richtigen Dorf waren. Badrus und Rajin haben noch nie so

viele Menschen auf einmal gesehen. Und dabei ist Soasiu ein kleines Dorf.

Die Midhots machen ihre Sope am Ankerplatz fest. Der Vater schaut allen tief in die Augen und lächelt ihnen aufmunternd zu. Dann gehen sie zum Haus von Lidin, dem Cousin des Vaters. Die Straße ist ungeteert und sehr steinig; Rajin schmerzen die Füße. Er ist es nicht gewohnt über spitze Steine zu gehen. Ein paar Hühner rennen mit aufgeregtem Gegacker vor ihnen her. Die Leute von Soasiu schauen die Midhots neugierig an. Es kommen nicht oft Fremde ins Dorf. Und an Rajins Vater können sich die wenigsten erinnern.

»Das nächste Haus muss es sein«, sagt der Vater.

Ein Mann sitzt auf der Veranda. Als der Mann den Vater sieht, huscht ein Lächeln über sein Gesicht. Er steht auf, breitet die Arme aus und ruft: »Bist du es wirklich?« Voller Freude schließt er den Vater in die Arme. Lidin hat ihn sofort wiedererkannt.

Der Vater stellt seine Familie vor. Lidin bittet alle

auf die Veranda und ruft nach seiner Frau und den drei Kindern. Es gibt ein großes Hallo.

»Soll ich euch unseren Hund zeigen?«, fragt Lidins Ältester Rajin und Badrus. Die nicken begeistert. Einen Hund haben sie noch nie aus der Nähe gesehen. Die Kinder machen sich auf die Suche.

Ohne Umschweife erklärt Rajins Vater, warum sie hier sind. »Rajin soll zur Schule gehen.«

»Das ist eine gute Idee«, entgegnet Lidin. »Weißt du eigentlich, dass ich der Lehrer in Soasiu bin?«

Der Vater ist überrascht. »Nein, ich hatte keine Ahnung«, gesteht er.

»Du kannst dir denken, dass es mir gefällt, wenn möglichst viele Kinder zur Schule kommen. Laut Gesetz müsste ja jedes Kind die Schule besuchen. Aber viele Eltern können das Schulgeld nicht bezahlen und andere sehen nicht ein, warum ihre Kinder zur Schule sollen.«

Rajins Vater schaut seine Frau an, die verlegen zu Boden blickt. »Wir würden Rajin gern in deine Schule geben. Und wir möchten dich bitten, ihn bei

dir wohnen zu lassen. So, wie dein Vater damals mich aufgenommen hat«, sagt der Vater.

»Ja, das geht schon«, gibt Lidin zu verstehen. »Aber was ist mit Badrus?«

»Der ist noch nicht soweit«, sagt die Mutter rasch. »Und so viel Geld haben wir auch nicht, dass wir beide zur Schule schicken könnten«, fügt sie etwas leiser hinzu.

Die Kinder haben den Hund nicht entdeckt, aber sie sind am Fußballfeld des Dorfes vorbeigekommen. Kein Grashalm ziert den knochenharten Boden. Die Tore sind aus Holzpfählen zusammengenagelt, Netze gibt es nicht.

Die Landkinder zeigen den Seekindern, wie man Fußball spielt. Rajin und Badrus sind begeistert. Allerdings haben sie Schwierigkeiten, auf dem harten Boden hin und her zu rennen. Aber sonst ist es riesig. Sie sind so sehr in ihr Spiel vertieft, dass sie gar nicht merken, wie die Dämmerung hereinbricht. Erst als sie den Ball nicht mehr erkennen können,

bekommt Badrus einen gehörigen Schreck. »Rajin, es ist dunkel. Die Geister …«

»Was für Geister?«, fragen die Landkinder wie aus einem Mund. Und Badrus erzählt ihnen, dass die Orang Lauts glauben, in der Dunkelheit seien die Geister an Land.

»So ein Quatsch«, sagt der Älteste. »Hier gibt es keine Geister. Ich hab' auf jeden Fall noch keinen gesehen.«

Rajin ist es auch ein bisschen mulmig zumute, aber er lässt sich nichts anmerken. So schlimm kann es nicht sein, denkt er bei sich, sonst hätten die anderen Kinder sicherlich Angst. Trotzdem ist er froh, als sie wieder bei den Eltern sind – wenn auch nicht auf der Sope, sondern in der Hütte.

»Rajin, hier sitzt dein Lehrer«, sagt der Vater sofort.

»Das ist prima!« Rajin freut sich. »Kannst du mir sagen, was hinter den Philippinen kommt?«

»Ja, das kann ich. Ich zeige dir morgen eine Landkarte. Da kannst du nicht nur sehen, was hinter den Philippinen kommt, sondern wie die ganze Welt aussieht«, verspricht Lidin.

»So etwas gibt es?«, fragt Rajin fasziniert. »Und ich kann das morgen sehen? Wo ist die Schule? Was machen wir da alles?« Er hat so viele Fragen.

»Warte doch einfach bis morgen«, schlägt Lidin vor. »Dann wirst du alles sehen.«

Juhu, schon morgen, schon morgen – Rajin freut sich wie verrückt. Aber dann fällt ihm ein: »Vater, wie lange bleibt ihr hier?«

»Nur bis morgen, mein Sohn. Wir müssen wieder aufs Wasser.«

Auf einmal ist Rajin nicht mehr so begeistert. Seine Familie wird mit der Sope weitersegeln und er bleibt allein zurück. »Wann …, wann sehen wir uns wieder?«, fragt er mit zitternder Stimme.

»Wenn uns der Wind das nächste Mal hierher treibt«, sagt der Vater. »Du weißt doch selbst, dass die Orang Lauts keine großen Pläne machen.«

»Aber was ist in den Ferien? Da kann ich doch wieder in der Sope mitsegeln, oder?«

»Wir werden versuchen in den Ferien zu kommen«, sagt der Vater mit einem Lächeln.

Rajin gibt sich damit zufrieden.

Am nächsten Morgen nehmen die Midhots Abschied. Alle umarmen Rajin.

Die Mutter weint. »Du wirst mir fehlen, mein Junge.« Sie streicht Rajin übers Haar.

»Du mir auch«, schluchzt Rajin.

»Bereust du deinen Entschluss etwa?«, fragt der Vater, als er seinen Sohn weinen sieht.

»Nein, ich freue mich auf die Schule. Aber es wäre so schön, wenn ihr hier bleiben könntet«, sagt der Junge unter Tränen.

»Du weißt, dass das nicht geht, Rajin«, entgegnet der Vater sanft. »Nutze deine Zeit und bilde dir selber eine Meinung, welchen Weg du gehen willst – den an Land oder den auf dem Wasser. Erst wenn du beides kennst, weißt du, was für dich richtig ist.«

Rajin und Lidin gehen mit zum kleinen Hafen. Die drei Midhots steigen in die Sope. Alle winken, alle versuchen zu lächeln – und allen fällt der Abschied schwer. Dann setzen die Orang Lauts die Segel und der Wind bestimmt wieder ihr Ziel.

Rajin schaut ihnen lange nach. Schließlich spürt er Lidins Arm an seiner Schulter.

»Komm, Rajin, die Schule fängt gleich an. Und heute Mittag gibt's ein Fußballspiel«, versucht der Onkel den Jungen aufzumuntern.

Es gelingt ihm. »Toll! Lerne ich jetzt, was hinter den Philippinen kommt?«, fragt Rajin.

Der Elefant kennt den Schulweg

Tina wird durch ohrenbetäuben-
des Löwengebrüll geweckt. Doch
das bringt das Mädchen nicht aus
der Ruhe. »Was, schon Zeit zum
Aufstehen?«, murmelt sie vor sich
hin. Tina wird jeden Morgen durch Löwengebrüll
geweckt. »Shirkan ist heute aber früh dran«, meint
sie mit einem Blick auf die Uhr.

Soll sie sich noch einmal umdrehen? Nein. Tina
reibt sich die Augen und springt aus dem Bett. Sie
schlüpft in ihre alten Jeans und das ausgebleichte
schwarze T-Shirt, dann steht sie schon vor dem
Wohnwagen, in dem sie mit ihrem Vater lebt. Die
beiden reisen mit dem Zirkus Basitto. Tinas Vater
steht zweimal täglich als Clown Galippo in der
Manege und bringt die Leute zum Lachen.

Tina macht ihre morgendliche Runde bei den Tieren. Sie tätschelt die Rüssel der Elefanten. Das
Mädchen mag die Haut der Dickhäuter. Sie sieht rau
aus, ist es aber gar nicht. Eher wie Leder – fest, aber
doch weich und überall ist viel Fleisch unter der
Haut. Rau sind eigentlich nur die Elefantenhaare,
die kratzen wie Borsten.

»Hei, du hast mich heute aber früh geweckt!«, ruft

131

Tina dem Zirkuslöwen Shirkan zu, der hungrig im
Käfig auf und ab geht und auf sein Frühstück wartet. Dem Nashorn Eleonore klopft sie in die Seite.
Das sei für die Nashorndame wie Streicheln, hat ihr
der Dompteur Sascha erklärt. Zuerst war Tina mit

Eleonore vorsichtiger. Sie hatte Angst dem Tier
weh zu tun. Aber Sascha hat sie beruhigt. »Streicheln spüren die Nashörner mit ihrer dicken Haut
gar nicht. Da kannst du schon kräftiger zulangen.«
Tina liebt das Leben im Zirkus über alles. Es stört
sie nicht, dass sie fast jeden zweiten Tag ihren
Wohnwagen an die Zugmaschine hängen und zum
nächsten Ort weiterreisen. Alle ihre Freunde sind

132

ebenfalls Zirkuskinder. Sie reisen immer mit. Und
die Schule samt Lehrerin ist auch immer dabei.
Das Einzige, was Tina ganz schrecklich vermisst,
ist ihre Mama. Die war Trapezkünstlerin, machte
waghalsige Kunststücke unterm Zeltdach. Eines
Tages, als Tina noch ganz klein war, stürzte sie aus
zehn Meter Höhe ab. Keiner weiß warum. Sie lan-
dete neben dem Fangnetz und war sofort tot. Tina
kann sich an ihre Mutter kaum erinnern. Sie kennt
sie fast nur von Fotos, Zeitungsartikeln und natürlich aus den Erzählungen ihres Vaters.

Auf ihrem morgendlichen Rundgang schaut Tina auch bei den Eisbären vorbei. Der alte Kenschke gibt ihnen gerade das Frühstück: Haferflocken mit Milch, ein paar Äpfel, Birnen und Bananen.

»Morgen, Kenschke«, sagt Tina.

»Was treibst du dich schon so früh rum?«, blafft der Alte sie an. Kenschke ist ein Grantler. Er will mit niemandem was zu tun haben. Ein Einzelgänger. Aber um die Eisbären kümmert er sich prima.

Tina versteht nicht, warum Kenschke immer so unfreundlich ist. Erst dachte sie, er würde Kinder nicht mögen. Aber ihr Vater sagt, der Alte sei zu den Erwachsenen genauso abweisend. »Kenschke mag halt die Menschen nicht. Er mag nur die Tiere.«

Als Tina wieder zum Wohnwagen kommt, duftet es nach Kakao. »Guten Morgen, Pa«, begrüßt sie ihren Vater und gibt ihm einen Kuss.

»Hallo, Tina! Na, wie wär's mit Frühstück?«

»Super, ich hab' riesigen Hunger.«

Der Vater blickt auf das ausgebleichte T-Shirt seiner Tochter und schüttelt den Kopf. »Tina, so kannst du nicht zur Schule gehen. Heute kommt doch die neue Lehrerin. Zieh dir ein anderes T-Shirt an.«

Die neue Lehrerin – die hatte Tina völlig vergessen. »Hoffentlich ist sie so nett wie Frau Stups.«

Frau Stups war die bisherige Lehrerin der Zirkusschule. Sie hat geheiratet – leider einen Bankange-

stellten und keinen vom Zirkus. Nach ihrer Heirat wollte sie nicht mehr von Stadt zu Stadt reisen. Sie wollte lieber bei ihrem Mann bleiben. Alle fanden das sehr schade.

Tina zieht sich ein anderes T-Shirt an, trinkt den Kakao und packt die Schultasche. »Bis später, Pa!«

Das Schulhaus ist kein richtiges Haus, sondern ebenfalls ein Wohnwagen – ganz weiß gestrichen, nur die Fensterläden sind knallrot. Und in großen roten Buchstaben steht »Zirkusschule« darauf.

Die Zirkuskarawane reist zwar ständig von einem Ort zum andern, aber alle Wohnwagen haben ihren festen Platz im wandernden Zirkusdorf. Der Schulwagen steht neben dem Wagen von Dompteur Sascha, dann kommt der Wagen von Frau Bake, der Pressesprecherin. Daneben stehen die Roddys, eine Akrobatenfamilie aus Amerika, und zwei Wagen weiter wohnt Tina mit ihrem Vater.

Keine drei Minuten braucht Tina um von ihrem Wohnwagen zum Klassenzimmer zu kommen. Unterwegs klopft sie bei den Roddys. Tom Roddy ist so alt wie Tina, die beiden sind gute Freunde. Und sie bilden eine Schulklasse. Die ganze Zirkusschule besteht nämlich nur aus zehn Kindern. Da sind fast alle Klassenstufen vertreten – bis zur neunten Klasse Hauptschule. Die Kinder, die in die Realschule oder ins Gymnasium gehen, müssen ein Internat be-

suchen. Doch so weit sind Tina und Tom noch nicht.
Tina klopft dreimal kurz, dreimal lang. Das ist ihr
Zeichen. Tom kommt aus dem Wohnwagen. Er hat
Tulpen in der Hand.

»Sind die für die neue Lehrerin?«, fragt Tina.

»Ja, ich denke, sie freut sich darüber«, meint Tom.

»Ich bin gespannt, was sich die anderen für sie ausgedacht haben«, sagt Tina. Beim Zirkus Basitto ist
es nämlich Tradition, dass neue Leute auf ganz be-
sondere Art willkommen geheißen werden.

Vor dem Schulwagen steht schon Herr Basitto, der
Chef des Zirkus, mit einem großen Blumenstrauß.
Neben ihm unterhält sich Frau Bake mit Journali-
sten. Fotografen schießen Bilder. Weiter hinten
redet Sascha, der Tierlehrer, auf die Elefantenkuh
Prinzessin ein. Alle warten auf die neue Lehrerin.

»Entschuldigung, aber der Zug hatte Verspätung«,
sagt die Neue als Allererstes, während der Taxifah-
rer ihr Gepäck auslädt.

»Kein Problem, Frau Zahn. Herzlich willkommen
beim Zirkus Basitto!« Der Direktor überreicht der
Lehrerin den Blumenstrauß und grinst dabei. »Herzlich willkommen« ist nämlich Prinzessins Stich-
wort. Die große Elefantenkuh wird von Sascha
geführt – direkt auf die Lehrerin zu.

»Bitte aufsteigen, gnädige Frau«, sagt Sascha ga-
lant. »Prinzessin zeigt Ihnen den Schulweg.«

136

»Waaas, da soll ich rauf?« Frau Zahn ist völlig verdattert. »Auf einen Elefanten?«
Die Fotografen stehen mit gezückten Apparaten da.
Alle schauen die Lehrerin erwartungsvoll an. »Mir
bleibt nichts anderes übrig«, meint sie und versucht
zu lächeln. Sascha reicht ihr die Hand und Prinzessin geht in die Knie, sodass die Lehrerin auf ihre
Schulter klettern kann.
Frau Zahn ist fast oben auf der Elefantenschulter
angekommen, da erhebt sich Prinzessin. Die Lehrerin erschrickt und lässt ihren Blumenstrauß fallen.
Gemächlich angelt sich Prinzessin den Strauß mit
dem Rüssel, steckt ihn in das große Maul und verspeist ihn, bevor irgendwer protestieren kann. Die
Fotografen drücken auf die Auslöser ihrer Kameras.

Die anderen Leute stehen da und lachen. Auch Frau Zahn muss lachen. Gleich darauf setzt sich Prinzessin in Bewegung. Die Lehrerin klammert sich an den riesigen Ohren des Tieres fest. Der Zirkusdirektor, die Kinder und alle anderen gehen wie bei einem Umzug hinter Prinzessin her.

Vor dem Wohnwagen, in dem sie künftig leben wird, steigt die Lehrerin ab. Sie ist sichtlich erleichtert. Dann gibt's für die Erwachsenen ein Glas Sekt und für die Schüler Orangensaft.

»Los, Tom, jetzt kannst du deine Blumen loswerden«, flüstert Tina.

Tom nickt und geht zur Lehrerin. »Herzlich willkommen, Frau Zahn! Ich bin Tom Roddy und hier sind ein paar Tulpen für Sie. Aber nicht wieder von Prinzessin fressen lassen«, sagt er und drückt der Lehrerin die Blumen in die Hand. Alles lacht.

»Vielen Dank, Tom. Und euch allen danke ich für den tollen Empfang. Kinder, wir treffen uns in zehn Minuten im Schulwagen.«

Der Schulwagen besteht aus einem einzigen Raum. Alle Schüler haben gemeinsam Unterricht, aber jede Klassenstufe macht etwas anderes. Die Kunst besteht darin sich nicht von der eigenen Aufgabe ablenken zu lassen, wenn die Lehrerin den anderen etwas erklärt. Tina hat oft ihre Schwierigkeiten damit. Sie mag es, wenn niemand redet. Dann kann sie

sich am besten konzentrieren. Tina und die anderen finden die Zirkusschule prima, denn wenn es sie nicht gäbe, müssten alle Zirkuskinder in ein Internat und wären von ihren Familien getrennt.

»Hallo!«, sagt Frau Zahn freundlich, als sie den Schulwagen betritt. »Zuerst sollten wir uns kennen lernen.« Jeder sagt der Lehrerin seinen Namen, in welcher Klasse er ist und welcher Unterrichtsstoff zuletzt durchgenommen wurde. Frau Zahn macht sich Notizen. Dann ist erst mal Pause und Frau Zahn packt Schokoküsse aus – zur Begrüßung.

»Na, wie ist die Neue?«

»Die ist in Ordnung, Pa«, meint Tina. Viel kann sie nach dem ersten Tag nicht berichten. »Sie hat gesagt, dass sie in den nächsten Tagen bei jedem von uns einen Besuch machen wird, damit sie auch die Familien kennen lernt. Zu uns will sie heute nach der Nachmittagsvorstellung kommen.«

»Eine nette Idee«, findet der Vater. »Meinst du, wir sollten was zu essen machen?«

»Ich weiß nicht«, überlegt Tina. »Ich denke, eine Tasse Kakao und ein paar Kekse reichen.«

»Okay. Kannst du die Kekse besorgen und den Kakao machen? Ich muss mich nach der Vorstellung erst noch abschminken.«

»Klar, Pa.«

Hausaufgaben hat es am ersten Tag nicht gegeben. So macht sich Tina am Nachmittag auf die Suche nach einem Supermarkt. Da die Zirkusleute ständig in einem anderen Ort sind, müssen sie immer wieder neu herausfinden, wo sie einkaufen können, wo es einen Friseur oder einen Arzt gibt. Tina macht es wie immer: Sie fragt die Leute, die sie unterwegs trifft.

Im Wohnwagen räumt sie dann noch die Kleider weg, die verstreut herumliegen. Sie macht die Milch auf dem Gasherd warm und stellt Tassen und Kekse auf den Tisch. Aus dem Zirkuszelt ist tosender Beifall zu hören, Füße trampeln rhythmisch auf den Bretterboden, dazwischen erklingen »Zugabe«-Rufe. »Aha, die Vorstellung ist zu Ende«, sagt Tina zu sich. Noch ein paar Minuten, dann hat sich ihr Vater abgeschminkt und umgezogen.

»Hallo, ist jemand zu Hause?«

»Ja!«, ruft Tina und Frau Zahn macht die Tür auf.

»Hallo, Frau Zahn, mein Vater ist noch beim Abschminken.«

»Dein Vater ist der Clown Galippo, stimmt's? Und wo ist deine Mutter?«

»Tot«, sagt Tina ganz leise.

Nach einer kleinen Pause erzählt sie der Lehrerin

140

die Geschichte von dem Trapezunfall. Normalerweise redet Tina nur mit ihrem Vater darüber. Sie meint, dass das Privatsache ist und niemanden etwas angeht. Warum sie der neuen Lehrerin alles anvertraut, weiß sie auch nicht. Aber sie fühlt sich hinterher erleichtert. Frau Zahn legt den Arm um Tina. Die beiden reden lange miteinander und trinken Kakao. Frau Zahn erzählt, dass sie schon als Kind zum Zirkus wollte, aber nicht recht wusste, als was.

»Ich bin keine Artistin. Ich kann auch keine Leute zum Lachen bringen und vor den meisten Tieren habe ich Angst«, gesteht sie.

»Das hat man heute bei Prinzessin gemerkt«, sagt Tina lachend. Sie fühlt sich mit Frau Zahn so vertraut, als ob sie sie schon ewig kennen würde.

Frau Zahn erzählt, dass ihre Eltern nicht wollten, dass sie zum Zirkus geht. Sie sollte Lehrerin werden, einen »ordentlichen« Beruf lernen. Zähneknirschend hat sie dem Druck der Eltern nachgegeben.

»Zum Glück kann ich mir meinen Traum jetzt trotzdem erfüllen. Meine Eltern waren nicht gerade begeistert, als sie davon hörten. Aber mittlerweile bin ich alt genug um das zu machen, was ich für richtig halte.« Sie lächelt zufrieden.

»Tja, Tina, dein Vater scheint nicht mehr zu kommen«, meint sie dann und blickt auf die Uhr. »Ich gehe jetzt. Ich muss nämlich noch den Unterricht

für morgen vorbereiten. Tschüs, Tina! Es hat Spaß gemacht mit dir zu reden.«

»Mir auch. Tschüs, Frau Zahn!«

»Sie wollen schon gehen?« Gerade kommt Tinas Vater zur Tür herein. »Tut mir schrecklich leid, dass ich nicht früher kommen konnte. Aber der Chef wollte unbedingt mit mir über mein neues Programm sprechen. Da konnte ich nicht einfach gehen«, entschuldigt er sich für die Verspätung.

»Ist schon in Ordnung. Tina und ich haben uns prima unterhalten und wir sehen uns ja bestimmt noch öfter. Auf Wiedersehen!«

Tina ist noch ganz verdattert. Noch nie hat sie jemandem so viel aus ihrem Leben erzählt, schon gar nicht von ihren Ängsten und Wünschen. Nicht einmal ihrem Vater. Sie sprechen zwar immer wieder über den Verlust der Mutter, aber Tina hat ihm noch nie so deutlich gesagt, wie sehr sie ihre Mama vermisst und wie gern sie ab und zu mal ein bisschen gehätschelt würde.

Bei ihrer morgendlichen Runde zu den Zirkustieren freut sich Tina heute besonders auf die Schule. Sie freut sich auf Frau Zahn. Die ist wirklich nett und sie versteht auch was vom Unterrichten. Das spüren die Schüler gleich, obwohl Frau Zahn in einer Stunde mit vier verschiedenen Klassenstufen beschäf-

tigt ist: Da sind drei Erstklässler, dann gibt's die Zwillinge, die in die dritte Klasse gehen, zwei Viertklässler und die Sechstklässler.

Frau Stups, die vorige Lehrerin, wusste oft nicht, wie weit die Drittklässler in Mathe waren, oder sie hat sie mit den Viertklässlern verwechselt. Dann ging's drunter und drüber, aber es war sehr lustig. Frau Zahn hat den Schulwagen und die Schüler im Griff. Tina und Tom addieren lange Zahlenreihen. Die Zwillinge Marek und Pit versuchen eine Textaufgabe zu lösen. Die Erstklässler lernen gerade, was 7 + 5 ergibt. Und die Sechstklässler knobeln an einer Prozentrechnung herum.

Die Schülerinnen und Schüler der Zirkusschule kommen aus den verschiedensten Ländern: Tom aus Amerika, die Zwillinge aus Russland, dann sind noch Afrikaner und Asiaten dabei und natürlich Tina, die aus Deutschland kommt, genau wie Georg. Im Unterricht müssen alle Deutsch sprechen. Dafür ist Tom beim Englischunterricht im Vorteil.

In der Zirkusschule lernen die Kinder von Anfang an Englisch. Und die Zwillinge versuchen ab und zu ihren Mitschülern ein paar Brocken Russisch beizubringen.

Eine Schulglocke gibt es nicht, aber einen großen roten Wecker. Jeden Tag ist ein anderer Schüler dafür verantwortlich, dass der Wecker läuft und rechtzeitig bimmelt. Biiiiiing! – das Klingeln ist nicht zu überhören.

»So, fast Schluss für heute«, sagt Frau Zahn.

»Wieso nur fast?«, will Marek wissen.

»Weil ich jedem von euch noch eine Aufgabe stellen möchte. Hört mal gut zu: Ich kenne hier die wenigsten Leute. Aber ich möchte gern wissen, wer alles beim Zirkus Basitto arbeitet und was das für Menschen sind. Ich meine nicht nur die Artisten, die in der Manege auftreten, sondern auch alle, die hinter den Kulissen arbeiten. Ihr sollt mir dabei helfen. Jeder von euch soll ein Mitglied der Zirkustruppe befragen und einen Aufsatz darüber schreiben. Tom, ich dachte mir, du könntest Samuel nehmen.«

Samuel kommt aus Marokko und hilft das große Zirkuszelt auf- und abzubauen.

»Tina, für dich habe ich Herrn Kenschke ausgesucht«, sagt Frau Zahn.

»Ausgerechnet den alten Kenschke? Der mag doch keine Kinder.« Tina ist nicht gerade begeistert.

144

Aber Frau Zahn bleibt dabei. »Ihr habt vier Tage Zeit für euren Aufsatz.«

»Warum musste ich ausgerechnet den Kenschke kriegen!« Tina ärgert sich noch auf dem Heimweg. »Der Kenschke ist nicht einfach. Du bist nicht zu beneiden«, gibt Tom zu. »Da bin ich mit Samuel noch ganz gut dran, der erzählt den lieben langen Tag. Bloß verstehe ich ihn nicht immer.«
»Ja, du hast's gut. Ich habe überhaupt keine Ahnung, wie ich an den Kenschke rankommen soll. Der sagt doch nie mehr als drei Worte hintereinander. Wie soll ich denn da einen Aufsatz schreiben?«
Nach dem Mittagessen will Tina gleich zu Kenschke gehen. Dann habe ich es hinter mir, denkt sie. Andererseits weiß sie nicht so recht, wie sie mit dem Alten ins Gespräch kommen soll. Wenn überhaupt, dann geht das nur über die Eisbären.
Kenschke ist gerade dabei, riesige Tüten voll Haferflocken von einer alten Schubkarre abzuladen.
»Ist das alles für die Eisbären?«, fragt Tina.
»Ja«, brummt Kenschke. »Und das reicht den Viechern nur bis zum Wochenende. Die fressen fast fünf Kilo Haferflocken am Tag.«
»Und was sonst noch?«, will Tina wissen und hilft dem Bärenpfleger beim Abladen.
»Also, morgens bekommen sie einige Salatköpfe,

145

alte Brötchen, Brot und Kohl. Ab und zu gibt's auch gekochtes Schweinefleisch – schön fett.« Tina hört gespannt zu und Kenschke kommt in Fahrt. »Auf ihr Mittagessen freuen sie sich ganz besonders. Da kriegt jeder fünf rohe Eier mit zwei Litern Sonnenblumenöl und ein paar Löffeln Vitaminpulver. Du solltest mal hören, was das für ein Geschlabber ist.«

»Und was ist mit Fisch?«, fragt Tina.

»Tja, das ist so 'ne Sache bei den Viechern hier. Die fressen keinen Fisch. Die schlagen alle aus der Art. Fisch ist normalerweise eine Leibspeise für Eisbären. Aber nicht für unsere, die rühren keinen Fisch an.« Er zuckt mit den Schultern. »Hinterm Käfig kocht gerade der Haferflockenbrei. Wenn du willst, kannst du mitkommen«, lädt er Tina ein.

Das lässt sich das Mädchen nicht zweimal sagen. Auf einem alten Gaskocher steht ein riesengroßer schwarzer Topf. Das Wasser kocht schon. Kenschke drückt Tina den Kochlöffel in die Hand und schüttet drei Pakete Haferflocken in den Topf. Tina beginnt zu rühren. »Schön gleichmäßig, damit der Brei nicht anbrennt«, kommandiert Kenschke, aber sein Ton ist nicht mehr so grantig.

»Das reicht jetzt«, gibt er Tina nach einer Weile zu verstehen und macht die Gasflamme aus. »Der Brei muss abkühlen. Vor der Abendvorstellung bekommen die Viecher dann ihr Abendessen. Hungrige

Raubtiere in der Manege sind nicht gerade lustig. Nur wenn sie satt sind, sind sie nicht so gefährlich.«
Tina will gerade loslegen, den alten Kenschke für ihren Aufsatz auszufragen, als Tom vorbeikommt.
»Tag, Kenschke! Hallo, Tina! Hast du die Geburtstagsparty bei den Zwillingen vergessen?«
»Mist, stimmt ja! Die hab' ich total vergessen. Tschüs, Herr Kenschke!« Es ist das erste Mal, dass Tina zum alten Kenschke »Herr« gesagt hat.
»Wiedersehen, Kleine«, erwidert der Bärenpfleger.
»Na, wie war's?« Tom kann es kaum erwarten.
»Nicht schlecht«, meint Tina. »Kenschke hat mir erzählt, was die Eisbären so fressen. Hast du gewusst, dass unsere keinen Fisch mögen?«

Es ist heiß im Schulwagen. Kein Wunder, draußen zeigt das Thermometer dreißig Grad an.

Die Schüler in den »normalen« Schulen haben Sommerferien. In der Zirkusschule ist das anders: Die Mädchen und Jungen drücken neun Monate am Stück die Schulbank. Im Sommer, wenn es Zeugnisse gibt, sind nur zehn Tage schulfrei. Große Ferien haben die Kinder im Winter. Dann ist der Zirkus Basitto nicht unterwegs, sondern in seinem Winterquartier. Tom fliegt mit seiner Familie nach Amerika, die Zwillinge fahren auch nach Hause. Tina und ihr Vater haben eine kleine Wohnung im Winterquartier. Tinas Vater will im Winter nicht verreisen, »weil wir das ganze Jahr auf Achse sind«. Tina gefällt's im Winterquartier nicht so gut, denn alle ihre Freunde sind dann weg. Aber jetzt ist erst mal Sommer und die Schule läuft auf Hochtouren.

»Na, wie kommt ihr mit eurer Aufgabe voran?«, fragt Frau Zahn.

»Ich muss nur noch aufschreiben, was Samuel erzählt hat«, berichtet Tom.

»Ich hab' noch gar nicht angefangen«, gesteht Georg schuldbewusst.

»Und du, Tina? Wie läuft es bei dir?«

»Ich weiß nicht so recht, Frau Zahn. Immerhin hat Herr Kenschke mir einiges über die Eisbären erzählt. Aber nichts über sich.«

Frau Zahn nickt. Sie hat bemerkt, dass Tina »Herr Kenschke« gesagt hat. Das zeigt der Lehrerin, dass

das Mädchen mittlerweile schon etwas mehr Achtung vor dem alten Mann hat. Bisher ist er immer nur »der alte Kenschke« gewesen.

Nach der Schule rennt Tina gleich rüber zu den Eisbären. »Haben sie schon ihr Mittagessen bekommen?«, ruft sie Kenschke von weitem zu.

»Nein, du kommst gerade rechtzeitig«, antwortet der Bärenpfleger. Ein leichtes Lächeln huscht über sein Gesicht.

»Iiii, das sieht ja eklig aus«, meint Tina, als sie die Eier im Sonnenblumenöl schwimmen sieht.

»Das wird jetzt verrührt und dann kommt noch eine Ladung Vitaminpulver dazu«, erklärt Kenschke.

»Was fressen Eisbären eigentlich in der freien Natur, in der Arktis?«, will Tina wissen.

»Meistens Robben. Sie jagen Robben, fressen Fische und im Sommer auch Beeren und was sie so an Grünzeug finden.« Kenschke kennt sich aus.

»Woher wissen Sie das alles?«

»Das ist eine lange Geschichte«, sagt Kenschke. »Hast du Zeit?« Tina nickt. »Dann besorg uns was zu trinken und komm damit zur Baracke.«

Aufgeregt rennt Tina zu ihrem Wohnwagen, holt eine Flasche Bier und eine Cola. Kenschke wartet vor der Baracke auf sie. Er hat seinen Hocker in die Sonne gestellt. Es sieht aus, als ob er schläft. Tina setzt sich vorsichtig auf den anderen Hocker.

Er schläft allerdings nicht. »So, Kleine«, sagt er mit
geschlossenen Augen, »nun will ich dir mal er-
zählen, wie ich beim Zirkus Basitto gelandet bin.
Ich bin in der DDR, in Ostdeutschland, aufgewach-
sen. Weißt du, damals, als es noch zwei deutsche
Staaten gab. Ich war von Tieren begeistert – von al-
len Tieren. Aber am meisten haben mich immer die
Bären fasziniert. In der Bibliothek habe ich alle
Bücher über sie gelesen und immer wieder bin ich
in den Zoo gegangen und hab' sie mir angeschaut.
Schon in der Schule war für mich klar: Ich werde
Dompteur und gehe zum Zirkus.
Als ich aus der Schule kam, musste ich zur Armee.
Das war eine schreckliche Zeit. Schießen, im
Schlamm rumrobben – und was das Schlimmste
war: Ständig hat uns jemand rumkommandiert. Wir
mussten parieren. Nicht denken, nur gehorchen.
Das hat mich fertig gemacht. Am Tag vor unserer

150

Entlassung gab's ein Fest in unserem Zimmer. Wir wollten so richtig auf den Putz hauen. Dazu gehörte auch was zu trinken. Um die Wahrheit zu sagen: Wir tranken so viel, dass wir nicht mehr wussten, was wir taten. Wir fingen an zu grölen und zu singen. Das hörten natürlich unsere Vorgesetzten. Sofort kam einer der Offiziere und brüllte rum, was wir hier machten, wir sollten gefälligst aufhören und schlafen. Der wollte uns den einzigen netten Abend in der Armee vermiesen. Wir waren stocksauer und ich konnte leider meinen Mund nicht halten.

,Was wollen Sie denn! Wir haben jetzt so lange nach Ihrer Pfeife getanzt, jetzt machen wir mal, was wir wollen. Verstanden?' hab' ich ihn angeschrien. Ich solle mich zusammenreißen, sonst gebe es Schwierigkeiten, hat der Offizier gesagt. ,Steck dir deine Schwierigkeiten sonst wohin', habe ich zurückgebrüllt. Und dann habe ich ihm auch noch ein paar Schimpfwörter an den Kopf geknallt.

Das war zu viel. Ich wurde bestraft: Ich musste sechs Monate länger bei der Armee bleiben. Die Vorgesetzten schikanierten mich, wo immer sie konnten. Sie machten mir diese Zeit zur Hölle. Aber ich hatte meine Lektion gelernt. Ich schluckte den Ärger runter, widersprach nicht – und hoffte, dass das halbe Jahr bloß schnell vorbeigehen sollte.

Am Tag meiner Entlassung war ich der glücklichste

Mensch. Ich wollte mich gleich darum kümmern, wie ich Dompteur werden konnte. Es gab in der DDR eine Schule für Leute, die beim Zirkus arbeiten wollten. Dort fuhr ich hin und stellte mich dem Rektor vor. Ich erzählte ihm, dass ich gern mit Bären arbeiten würde. Er wollte mich zur Probe aufnehmen. Doch dann schaute er meine Papiere und Zeugnisse an und schüttelte den Kopf. ‚Junge, du wurdest ja bei der Armee bestraft. Dann kannst du hier nicht aufgenommen werden. Es tut mir leid.‘ Damit schob er mich zur Tür hinaus.

Draußen musste ich mich erst hinsetzen. Ich durfte nicht zum Zirkus? Nur wegen der blöden Strafe? Das konnte doch nicht sein. Mir wurde ganz schwindlig. Ich war am Ende. Mein großer Wunsch war zerstört.« Kenschke machte eine Pause.

»Ich musste in einer Fabrik arbeiten, am Fließband. Dort machte ich immer dieselbe Handbewegung, Stunde für Stunde, Tag für Tag, Jahr für Jahr. Ich war fast immer traurig. Das Lachen hatte ich verlernt. Ich hasste die Menschen, ich hatte keine Freunde. Und nur einen Wunsch: bei den Bären zu sein. So ging ich jeden Sonntag in den Zoo. Dort beobachtete ich die Tiere ganz genau, studierte ihre Bewegungen und ihre Reaktionen.

Eines Tages wachte ich auf und dachte: Kenschke, du vergeudest dein Leben. Du bist unglücklich,

deine Arbeit macht dir keinen Spaß. Was willst du eigentlich noch hier?

Die Stimme in mir hatte Recht. Ich musste weg. Aber wie? In der DDR konnte man nicht einfach zur Grenze fahren und ausreisen. Und schon gar nicht in den Westen. Das durften nur ganz wenige Menschen. Ich gehörte auf jeden Fall nicht dazu. Da blieb mir nur eine Möglichkeit: die Flucht. Ich entschied mich, im Sommer durch die Elbe zu schwimmen. Die Elbe bildete früher auf ein paar Kilometer die Grenze zwischen den beiden deutschen Staaten. Am Ufer gab es überall Wachttürme. Darauf saßen Scharfschützen, die aufpassen sollten, dass niemand die DDR verlässt.

Ich ließ alles zurück, nahm nur meine Papiere und ein bisschen Geld mit. Ohne zurückzuschauen ging ich ganz leise und vorsichtig in Richtung Elbufer. Eigentlich war es dunkle Nacht, aber überall blendeten die Scheinwerfer, sodass fast die ganze Gegend ausgeleuchtet war. Meine Chancen, unbemerkt durchzukommen, standen schlecht. Aber was hatte ich schon zu verlieren? So wie bisher wollte ich nicht mehr weiterleben.

Also nahm ich all meinen Mut zusammen und marschierte los, zügig, aber ohne zu rennen. Jeden Augenblick dachte ich, dass sie mich gleich entdecken würden. Aber die Soldaten bemerkten mich

nicht. Es war wie ein Wunder, dass ich das Ufer erreichte. Fast lautlos stieg ich ins Wasser. Es war eiskalt und die Strömung war stärker, als ich gedacht hatte. Aber ich schwamm los. Ich wurde immer weiter abgetrieben. Keinen Meter kommst du vorwärts, dachte ich. Meine Arme wurden müde, aber ich schwamm weiter, kämpfte gegen die Strömung an. Und immer hatte ich das Ziel vor Augen: das andere Ufer. Irgendwann habe ich dann wieder Boden unter meinen Füßen gespürt. Völlig erledigt, aber überglücklich legte ich mich ins Gras und versuchte mich zu erholen.

Der Rest ist schnell erzählt: Ich meldete mich bei der Polizei und kam für ein paar Wochen in ein sogenanntes Aufnahmelager.

In der Nähe des Lagers gastierte der Zirkus Basitto. Ich ging hin und stand sofort vor dem Bärenkäfig. Der Käfig sah schrecklich aus: Er war nicht ausgemistet und es stank fürchterlich.

Da kam ein Mann vorbei, der mich fragte, was ich hier mache. ‚Wer kümmert sich denn bei euch um die Bären?‘, fragte ich zurück. ‚Die Käfige sind ja völlig verdreckt.‘ Der Mann sagte, dass der Bärenpfleger einen Unfall gehabt habe und im Krankenhaus liege. Niemand fühle sich im Moment so richtig für die Bären zuständig. Da nahm ich allen Mut zusammen und sagte, ich wisse jemanden, der sich

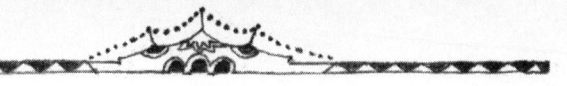

um die Bären
kümmern würde.
Und so bekam
ich die Stelle
als Bärenpfleger beim Zir-
kus Basitto. Seit dem Tag liebe ich meine Arbeit.«
Der alte Mann sitzt ganz ruhig auf seinem Hocker.
Tina ist sprachlos. Beide sitzen lange schweigend
da. Trotzdem geht dem Mädchen eine Frage nicht
aus dem Kopf. »Aber Herr Kenschke, warum sind
Sie immer noch so, so …«, sie sucht nach Worten,
»so komisch zu den Menschen?«
»Sie interessieren mich nicht«, sagt Kenschke nur.
»Mich faszinieren die Bären. Das sind meine
Freunde, die kennen mich, die brauchen mich. Ich
brauche keine Freunde unter den Menschen.«
»Jeder braucht Freunde«, entgegnet Tina. »Das Le-
ben ist doch viel leichter und lustiger, wenn man
Freunde hat.« Und ganz leise fügt sie hinzu: »Ich
wäre gern Ihre Freundin.«
Dem alten Kenschke kullern zwei Tränen über die
Wangen, als er das hört. Er schaut Tina lange an.
»Kleine, so was Schönes hat noch nie jemand zu
mir gesagt.« Tina nimmt die Hand des Mannes und
drückt sie fest. Kenschke erwidert den Druck.
Später im Wohnwagen legt sich Tina aufs Bett und
überlegt, wie schrecklich es sein muss, wenn man

nicht den Beruf erlernen darf, den man will. Und dann fällt ihr ein, dass es ihrer Lehrerin auch so ergangen ist. Bei ihr waren die Eltern dagegen, als sie zum Zirkus wollte. Aber sowohl Frau Zahn als auch der alte Kenschke haben ihr Ziel erreicht – wenn auch auf Umwegen. »Ich glaube, wenn man etwas wirklich will, so richtig will, dann klappt es auch«, sagt Tina voller Überzeugung.

Am nächsten Morgen fragt Frau Zahn: »Na, Tina, wie weit bist du denn mit deiner Aufgabe?«
»Wird schon werden«, antwortet Tina. Mehr will sie nicht sagen. Sie fühlt, dass es Herrn Kenschke nicht recht wäre, wenn sie aufschreiben würde, was er ihr erzählt hat.
»Du hast ja noch bis morgen Zeit«, ermuntert die Lehrerin sie.
Nach dem Unterricht geht Tina gleich wieder zum Bärenpfleger. »Hallo, Herr Kenschke, kann ich Ihnen was helfen?«
»Hallo, Kleine! Na, schon Schulschluss?«
Tina nickt und nimmt ein paar Tüten Haferflocken, die sie in die Baracke trägt. »Herr Kenschke, ich muss mit Ihnen reden«, sagt sie und erzählt von der Aufgabe, die Frau Zahn ihr gestellt hat.
Der alte Kenschke hört aufmerksam zu. Dann schüttelt er den Kopf. »Ja, Kleine, du hast recht. Ich

möchte nicht, dass jeder im Zirkus weiß, was ich mitgemacht habe. Ich will nicht, dass sie kommen und mir neugierige Fragen stellen. Ich möchte meine Ruhe haben.«

Tina nickt. »Aber was mache ich dann mit meiner Hausaufgabe?«

»Kannst du dir nicht irgendeine Geschichte ausdenken? Egal was, nur nicht die Wahrheit.«

Tina weiß nicht so recht, was sie machen soll. Sie möchte Frau Zahn nicht belügen, aber sie kann auch verstehen, dass der alte Kenschke seine Geschichte für sich behalten will. Sie überlegt hin und her. Schließlich gibt sie einen kurzen Aufsatz ab, langweilig und steif geschrieben. Ein schlechtes Gewissen hat sie dabei.

Nachmittags klopft es an die Wohnwagentür.

»Es ist offen!«, ruft Tina. »Äh, hallo, Frau Zahn«, sagt sie gleich darauf unsicher.

»Tina, ich habe deinen Aufsatz gelesen und bin enttäuscht. Was hast du dir da zusammengereimt? Es kommt ja nicht mal das Wort ‚Bären‘ drin vor.«

Tina bekommt einen roten Kopf. »Tja, äh, also«, stammelt sie, »Sie haben recht, Frau Zahn, die Geschichte stimmt nicht. Aber Herr Kenschke will nicht, dass ich seine Geschichte aufschreibe. Und ich kann ihn verstehen.«

Frau Zahn schaut sie an. »Warum hast du mir das

nicht gesagt?«, fragt sie leise. »Wäre das nicht besser gewesen?«

»Vielleicht.« Tina ist den Tränen nahe. »Aber ich wollte Sie doch nicht enttäuschen. Und Herrn Kenschke auch nicht.«

»Das ist prima von dir. Aber deshalb solch einen Aufsatz schreiben?«

»Mir ist nichts anderes eingefallen«, gesteht Tina.

»Na ja – aber eine gute Note bekommst du für den miserablen Aufsatz bestimmt nicht.«

Das dachte sich Tina schon. Dabei schreibt sie sonst tolle Aufsätze. Aber egal – die schlechte Note muss sie in Kauf nehmen. Das ist ihr die Freundschaft mit dem alten Bärenpfleger wert.

Endlich Ferien! – Aber …

Henning ist sauer: Alle Kinder aus der Oststraße 71 a–h fahren im Sommer weit weg. Zwischen Schweden und Mittelmeer liegen die lockenden Ziele. Nur Henning fährt 41 Minuten zu Omi und Opa nach Stolberg. Da soll einer nicht traurig werden! Doch schon nach der ersten Ferienwoche kommt alles ganz anders …

Marianne Kurtz: Die Pflaumenbaumbande

160 Seiten. Ab 9 Jahren.

Ensslin-Verlag, Postfach 1532, D-72705 Reutlingen.